# Primeros
# AUXILIOS

# Primeros
# AUXILIOS

Javier Vendrell Covisa

**LIBSA**

© 2013, Editorial LIBSA
San Rafael, 4
28108 Alcobendas. Madrid
Tel.: (34) 91 657 25 80
Fax: (34) 91 657 25 83
e mail: libsa@libsa.es
www.libsa.es

ISBN: 978-84-662-2702-5

Colaboración en textos: Javier Vendrell Covisa
Edición: equipo editorial Libsa
Diseño de cubierta: equipo de diseño Libsa
Maquetación: César Domínguez, Maribel Luengo y equipo de maquetación Libsa
Ilustraciones: César Domínguez
Fotografía: archivo Libsa

DL: M 6912-2013

# CONTENIDO

# PRESENTACIÓN

**U**na situación de emergencia nos puede sorprender en cualquier momento y saber actuar con rapidez y eficacia puede salvar vidas o, cuando menos, paliar los efectos negativos del accidente. Para poder reaccionar de este modo, es fundamental formarse en medicina preventiva y poseer un pequeño entrenamiento en la aplicación de técnicas de primeros auxilios, para que éstas se ofrezcan de una manera natural, instintiva, sin necesidad de pensar y sin dudas. Nadie está protegido ante ciertos sucesos: un niño travieso que puede beber accidentalmente un producto de limpieza, una gastroenteritis después de una cena copiosa, una quemadura en la cocina, un desmayo por bajada de tensión, un esguince jugando al fútbol, un episodio de fiebre o un golpe de calor por dormirse al sol, son algunos casos muy comunes, pero también podemos encontrarnos ante situaciones mucho más graves, como la transmisión de la rabia por una mordedura de perro, un paro cardiaco o alguien que se cae en la piscina y no sabe nadar. ¿Qué hacer mientras llegan los servicios de emergencia? Estar preparado es la mejor sala de urgencias.

El objetivo de este libro es ofrecer la información precisa y rigurosa desde el punto de vista médico, pero con un lenguaje totalmente asequible a los profanos en la materia y con ilustraciones del paso a paso en cada actuación. Para ello, lo hemos dividido en grandes apartados que engloban los principales problemas de salud que existen en accidentes comunes, laborales o caseros: las intoxicaciones y transtornos digestivos, las quemaduras, los procesos de ahogamiento y atragantamiento, las pérdidas de conocimiento, los traumatismos diversos, las heridas, etc. En cada uno de estos capítulos se explican de un modo breve y práctico las características del proceso, los síntomas, el tratamiento a seguir, los procedimientos de actuación, o los peligros potenciales que la situación puede generar, entre otras cosas. Los cuadros recordatorios, clasificatorios o del paso a paso completan el contenido, lo clarifican y ofrecen consejos útiles. Además, unos apéndices explican detalladamente la reanimación cardiovascular y qué hacer ante situaciones cotidianas que afectan a la salud, como las reacciones alérgicas y las alteraciones de la tensión y de la glucosa. Al final del libro, el lector encontrará también una relación de términos comunes que puede consultar en cualquier momento.

# INTOXICACIONES

## domésticas

En los hogares existe hoy en día una gran variedad de productos químicos que son utilizados para la limpieza o el cuidado de los diferentes enseres. Por este motivo, no es infrecuente que se produzcan casos de intoxicación derivados del mal uso de los mismos, involuntarios o no, bien sea por su contacto directo, su inhalación o su ingestión. Nos referiremos en este capítulo a todos estos artículos que suelen encontrarse en el domicilio para la limpieza del mismo, así como de los principales cosméticos empleados.

Pese a que existen hoy en día limitaciones legales en cuanto a la composición de este tipo de productos, el componente cáustico de los mismos sigue siendo lo suficientemente importante como para provocar lesiones graves en el organismo. Son los niños menores de cinco años el grupo de población más expuesto a este tipo de intoxicaciones, siendo además la principal patología grave que se puede presentar en los mismos, si bien, afortunadamente, la mortalidad no alcanza cifras muy altas. Los ancianos por el contrario presentan una mayor mortalidad por estas intoxicaciones como consecuencia de la debilidad lógica de su organismo y una peor respuesta al tratamiento. En los adultos en general son el tercer tipo de intoxicación más frecuente en los países occidentales, tras la debida a ingestión exagerada de medicamentos y a la intoxicación etílica. Sólo un 10% de las ingestiones accidentales de este tipo revisten la suficiente gravedad como para requerir un tratamiento médico intensivo o incluso quirúrgico-reparador.

Casi tres de cada cuatro llamadas que se reciben en los centros especializados en toxicología se deben a intoxicaciones producidas en el domicilio por este tipo de productos. Y es que aunque la etiqueta de cada producto oriente hacia su composición y hacia el tratamiento en caso de intoxicación, es importante contar siempre con el apoyo de estos centros. Las normas que legislan la distribución y venta de estos productos deben ser especialmente severas en cuanto a las indicaciones de los mismos, sus componentes y su toxicidad, datos que no siempre se aprecian claramente en las etiquetas. Al mismo tiempo, se debe extender el uso de mecanismos de apertura especiales que impidan a los niños el acceso al producto.

Las circunstancias en las que se produce la intoxicación y la investigación posterior son claves para tratar de averiguar lo sucedido en cuanto a la intencionalidad del cuadro, la sustancia consumida y su cantidad y el tiempo transcurrido desde entonces. Todos estos datos son fundamentales para el proceder siguiente, tanto en el propio domicilio, como si es necesario derivar al hospital.

## DATOS QUE HAY QUE RETENER ANTE UNA INTOXICACIÓN

- El tiempo transcurrido desde que se vio al adulto o al niño por última vez, dónde se encontraba y qué estaba haciendo.

- El olor que presenta, especialmente la boca, así como la presencia de manchas en la piel, en la ropa o líquidos en el suelo.

- El armario o en general los lugares donde se almacenan estos productos. Comprobar si están revueltos, falta alguno, se encuentra abierto un frasco o uno de ellos está vacío.

- La presencia de signos y síntomas en el afectado, como dolor en el estómago o en el pecho, enrojecimiento de la piel u otras lesiones, náuseas o en general inquietud y malestar.

- Antecedentes en este sentido por intoxicaciones previas con cualquier tipo de sustancia.

Es muy importante insistir en que no debemos provocar nunca el vómito cuando se ingieren estas sustancias domésticas, aunque sea lo primero que nos venga a la cabeza. La razón es porque el daño de los tóxicos muchas veces no es tanto en el estómago, que está preparado y habituado a contener ácidos, sino por el paso de la sustancia por la faringe y el esófago. Un vómito haría que de nuevo pasaran por estas estructuras y duplicaría sus efectos.

Métodos de actuación

Observando estos hechos, debemos proceder siempre de la misma manera ante cualquier tipo de intoxicación por este tipo de productos, presentes de forma habitual en el domicilio:

1 Leer la etiqueta del producto si la tuviera y seguir inicialmente sus instrucciones.

2 Llamar al teléfono de emergencias toxicológicas que obligatoriamente debe llevar el producto y contar el caso. Si no se tiene el número, llamar al teléfono de emergencias.

3 Pedir ayuda médica urgente o trasladar al individuo si se sospecha que la intoxicación es potencialmente grave o así nos lo indican.

4 Hasta que la ayuda llegue, como medida general debemos tratar de diluir el producto ingerido mediante la toma de agua o leche con cuidado de no producir el vómito, ya que éste no está nunca indicado en el tratamiento de las intoxicaciones por estos productos. El agua albuminosa, que se elabora con seis claras de huevo batidas en un litro de agua, es también especialmente útil en estos casos.

5 Vigilar la función respiratoria del individuo, así como su pulso y la tensión arterial si disponemos de medidor. Si se empezara con somnolencia o letargia, se debe tratar de mantener al individuo despierto. Si se pierde finalmente la conciencia, hay que tumbar al sujeto boca arriba con la cabeza ladeada hasta que llegue la ayuda.

La gravedad general del cuadro vendrá dada por datos como la composición del producto, su grado de concentración, la cantidad ingerida, el tiempo de contacto con la mucosa interna del aparato digestivo, el contenido previo del estómago y la rapidez con la que se actúe.

Afortunadamente en algo más del 50% de los casos en los que se ingieren o se respiran estos productos no se produce ningún tipo de sintomatología y son pocos los casos en los que se llega a una situación grave.

A continuación nos vamos a referir a los principales productos causantes de estos cuadros agrupándolos, no por su composición, sino por sus efectos más característicos al contactar con el organismo.

En otro apartado se comentan las ingestiones de productos diferentes y raros como las pilas o la naftalina.

Finalmente, de forma separada, se comenta la inhalación de monóxido de carbono por tratarse de una forma habitual de intoxicación por gas en el domicilio.

## DETERGENTES Y SIMILARES

Este tipo de productos afectan generalmente de forma única al aparato digestivo en cuanto a la irritación que producen en el mismo, ya que en la mayoría de los casos no pueden ser absorbidos y pasar a la sangre, extendiendo así su efecto a una forma más generalizada. Dicha irritación se manifiesta como una sensación de ardor insoportable en el centro del pecho que se acompaña de estenosis o cierre parcial del propio conducto esofágico que impide tragar nada. En el 70% de los casos documentados de ingestión de detergentes no aparece ningún tipo de manifestaciones y sólo un 10% desemboca en complicaciones graves; en raras ocasiones se produce la muerte por la ingestión de detergentes o jabones.

El jabón es un producto tóxico muy frecuente en el hogar. Debe colocarse fuera del alcance de los niños.

### CARACTERÍSTICAS TÓXICAS DE DETERGENTES Y JABONES

- Los jabones de higiene personal apenas presentan toxicidad cuando son ingeridos, manifestándose en el peor de los casos un cuadro de vómitos relativamente rápido y una diarrea posterior.

- Los detergentes para la ropa en polvo pueden producir una irritación, tanto con la ingestión como con la inhalación de los mismos, aunque también pueden irritar la piel si permanecen el suficiente tiempo en contacto con la misma. En principio, los detergentes actuales apenas tienen carbonatos y silicatos, que son los componentes potencialmente más peligrosos. Además, un pH menor a 11, les confiere también una mayor seguridad. Los detergentes líquidos, cuando se ingieren en cantidades mayores de 100 ml si se trata de un niño o 500 ml en el caso de los adultos, pueden afectar gravemente al sistema nervioso central.

- Los detergentes para el lavavajillas son más peligrosos en cuanto a la presencia de cáusticos en su composición. Su ingestión sólo es peligrosa en cantidades altas, limitándose los efectos a la boca cuando son pequeñas. El contacto con los ojos puede dañar la córnea si no se lava de forma rápida con abundante agua o suero fisiológico.

• Los suavizantes para la ropa suelen venir preparados en concentraciones bajas, por lo que su ingesta rara vez es peligrosa, salvo que sea muy abundante. Sin embargo existen formas concentradas que ingeridas a pequeñas cantidades como medio vaso pueden tener consecuencias graves como convulsiones o incluso la muerte.

## PRODUCTOS CÁUSTICOS

Denominamos así a los productos que llevan en su composición ácidos o álcalis en suficiente proporción como para dañar gravemente las mucosas internas e incluso destruirlas aunque sea parcialmente.

Dentro de los ácidos destacan el clorhídrico, el fosfórico, el bórico y el sulfámico, presentes en productos como los desincrustadores, el salfumán y los productos para la limpieza de los sanitarios.

Dentro de los álcalis o bases destacan el hidróxido de sodio, de amonio y de potasio, así como el hipoclorito sódico y el amoníaco. Se encuentran principalmente en la lejía, los desatascadores y los productos para la limpieza de hornos.

El cuadro clínico producido consiste en dolor en el estómago y a veces en la boca, que puede estar muy irritada y con mucha saliva. En los casos más graves se puede presentar imposibilidad para tragar y vómitos incontrolables que empeoran aún más el cuadro. Los ácidos afectan más de forma general al estómago, pudiendo llegar a perforar su mucosa y extenderse por la

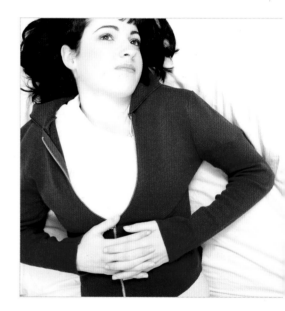

El dolor de estómago es un síntoma leve de una intoxicación por productos cáusticos.

cavidad abdominal, desembocando en una peritonitis gravísima incluso a pie de quirófano. Las bases suelen atacar por el contrario más al esófago, pudiendo también perforarlo y extendiendo su acción por el mediastino entre ambos pulmones.

La lejía es el producto de este grupo que causa con más frecuencia lesiones accidentales. Las formas líquidas de la misma con una concentración de hipoclorito

Una intoxicación grave afecta al sistema respiratorio y digestivo y a otros órganos internos, como el hígado o los riñones.

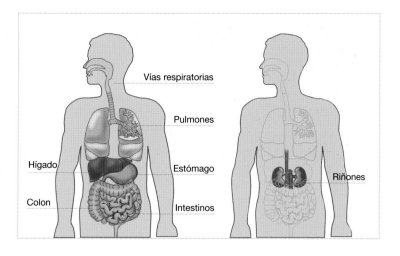

Vías respiratorias

Pulmones

Hígado

Estómago

Riñones

Colon

Intestinos

menor del 10% sólo entrañan un riesgo moderado y limitado a la boca. Sin embargo, las formas concentradas y sobre todo las presentaciones en pastillas, son mucho más peligrosas, con riesgo de afectación del esófago como antes mencionábamos. Su mezcla con amoníaco u otros productos de limpieza, como ciertos desinfectantes, puede producir gases muy tóxicos que incluso lleguen a desembocar en un edema pulmonar de tipo irritativo.

La ingesta de salfumán es tremendamente peligrosa y con una mortalidad cercana al 100% si se consume más de 50 ml, resultando inútiles cualquier maniobra o actuación posterior. El ácido oxálico, presente en los limpiadores de metal, también produce irritación grave e importante daño renal si se ingiere.

## PRODUCTOS CORROSIVOS

Incluimos aquí a todos los productos que además de la irritación gastrointestinal mencionada en el grupo anterior, presentan un riesgo de ser absorbidos y pasar a la sangre, con efectos sistémicos. Los principales productos incluidos en este grupo son los quitamanchas, los enceradores del suelo, las pastillas del inodoro, los limpiadores del suelo y la trementina presente en el aguarrás. Este tipo de productos presenta un porcentaje más alto de complicaciones.

### EFECTOS DE LOS PRODUCTOS CORROSIVOS

• Signos de irritación del sistema nervioso central como agitación, temblor, estado de confusión o de obnubilación e insomnio.

• Signos de afectación respiratoria como la disnea o fatiga y el broncoespasmo, que en casos graves puede llegar a la parada respiratoria.

• Alteraciones del metabolismo de los iones, como la de los niveles de calcio en sangre, produciendo un cuadro de tetania o parálisis muscular.

## PRODUCTOS COSMÉTICOS

La mayoría de las ingestas accidentales de cosméticos se acompañan de escasa sintomatología debido principalmente al escaso porcentaje de ingredientes tóxicos que presentan y a la pequeña cantidad que suele tomarse de los mismos.

### CLASIFICACIÓN DE PRODUCTOS COSMÉTICOS ATENDIENDO A LA PELIGROSIDAD

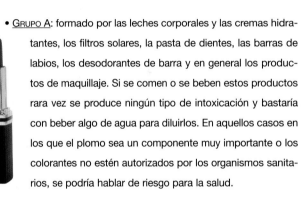

• GRUPO A: formado por las leches corporales y las cremas hidratantes, los filtros solares, la pasta de dientes, las barras de labios, los desodorantes de barra y en general los productos de maquillaje. Si se comen o se beben estos productos rara vez se produce ningún tipo de intoxicación y bastaría con beber algo de agua para diluirlos. En aquellos casos en los que el plomo sea un componente muy importante o los colorantes no estén autorizados por los organismos sanitarios, se podría hablar de riesgo para la salud.

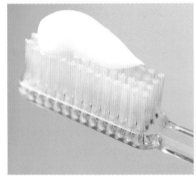

• GRUPO B: principalmente nos referimos a la espuma de afeitar, el gel de baño y el champú. Al igual que los jabones, son productos que no se absorben en el aparato digestivo, por lo que su efecto en todo caso es a nivel gástrico en forma de náuseas y vómitos. Su toxicidad por tanto es baja y perfectamente controlable con la toma de leche de forma moderada para no provocar el vómito.

• GRUPO C: son compuestos como la colonia y los perfumes, lociones para después del afeitado, tónicos capilares, colutorios y en general todos aquellos que tengan alcohol en su composición. Debido a esto, su ingestión en cantidades suficientes produce un cuadro de intoxicación etílica como tal, y así debe ser tratada, sin que en principio tengan porqué surgir más complicaciones.

• GRUPO D: se trata de productos con un riesgo moderado de producir una intoxicación tanto por su deglución como por su inhalación, pudiéndose extender esta acción a otras partes del orga-

nismo al ser absorbidos hacia la sangre y pasar a la circulación general. Entre estos productos destacan:

• Esmaltes y quitaesmaltes de uñas: compuestos por tolueno, xileno, acetona y diversas resinas. El hecho de que se vendan en cantidades pequeñas impide habitualmente una intoxicación mayor, aunque si ésta se produce por una toma mayor de 20 ml es necesario el lavado gástrico.

• Alisadores del pelo: su contenido en hidróxido de sodio les hace ser un tóxico potencial no sólo si son ingeridos, sino también al aplicarse en el cabello si no se siguen las pautas indicadas. Su ingesta requiere una neutralización rápida con leche, si bien el daño a la boca y al esófago puede estar ya hecho y requerir exploraciones posteriores.

• Tintes para el cabello: los tintes permanentes son más tóxicos que los temporales por la presencia de amoníaco en los mismos, sobre todo antes de ser mezclados con el revelador, además de otras sustancias como alcoholes, aminas de ácidos grasos y diversos colorantes. Su ingestión, además de molestias gastrointestinales, puede producir alteraciones en la hemoglobina sanguínea, por lo que sus posibles intoxicaciones siempre deben ser consultadas por leves que sean.

• Sales de baño: si bien se tratan normalmente de simples combinaciones de aceites vegetales o minerales, pueden actuar como un cáustico si alcanzan la vía digestiva, debiéndose tratar entonces el cuadro como tal. Además, al ser absorbidos, actúan como sales minerales que pueden desequilibrar el metabolismo electrolítico corporal.

• Talco: cuando se ingiere no produce reacción tóxica alguna, pero inhalado (se puede utilizar para adulterar la cocaína, por ejemplo) produce un espasmo bronquial y en casos graves edema agudo de pulmón.

## Ingestión de otros productos

Incluiremos aquí diversas sustancias de características y utilidades diferentes que tienen como punto común una cierta accesibilidad en los domicilios, siendo entonces potenciales tóxicos, especialmente para los niños.

### Clasificación de productos tóxicos diversos

- Agua oxigenada o peróxido de hidrógeno: la concentración, cuando se utiliza como desinfectante, es de 10 volúmenes, es decir, un 3%, lo que hace que su ingestión rara vez cause más efecto que una distensión gástrica con dolor por liberación del oxígeno dentro del estómago. En principio no requiere de ninguna actuación especial, pudiéndose inducir el vómito en este caso concreto, ya que no se trata de un cáustico.

- Naftalina: se trata realmente de naftaleno, que es un hidrocarburo aromático obtenido a partir del alquitrán de hulla. Su ingestión en niños produce un cuadro de vómitos con diarrea y dolor abdominal; si la ingesta es importante, puede progresar a convulsiones y depresión del estado de conciencia. Si han transcurrido menos de cuatro horas desde que se tomó, está indicado el vómito. En cualquier caso sólo debe beberse agua después, ya que la leche, o en general cualquier alimento graso, favorece su absorción intestinal.

La toxicidad del mercurio hace aconsejable el uso de termómetros digitales o por infrarrojos en lugar de los tradicionales.

- Mercurio: la ingestión, sobre todo por parte de los niños, del mercurio de un termómetro roto puede producir un cuadro llamado acrodinia o enfermedad rosa caracterizado por picores, taquicardia, irritabilidad, sudoración y enrojecimiento de la piel, entre otros síntomas. El tratamiento debe ser hospitalario cuando se sospeche esta intoxicación, si bien podemos inducir el vómito hasta que éste se produzca.

- Pilas: tanto las baterías planas (por ejemplo la de los relojes) como las cilíndricas, son un motivo frecuente de ingestión accidental en niños. En principio no se trata de un cuadro grave puesto que son expulsadas con las heces de forma intacta durante los primeros tres días siguientes, sin mayor problema en el 75% de los casos. Incluso si se demora más este tiempo de expulsión no suele resultar problemático siempre que la pila no se haya quedado atrapada en el esófago, único sitio donde si se corrompe su estructura y vuelca el contenido pueden aparecer complicaciones por perforación del mismo. No se indica por tanto el vómito en un primer momento, pero sí la realización de radiografías de control para comprobar que la pila ha alcanzado el estómago o el intestino si se retarda la expulsión.

# INHALACIÓN DE MONÓXIDO DE CARBONO

Se trata de la intoxicación por gas más frecuente en todo el mundo, aunque en los países desarrollados su incidencia ha ido disminuyendo de forma progresiva por la desaparición de los braseros utilizados como calefacción y la sustitución del gas ciudad (que posee un 10% de monóxido de carbono) por gas natural.

## SITUACIONES DE PELIGRO DE INTOXICACIÓN POR MONÓXIDO DE CARBONO

- Los incendios en lugares cerrados en los que, tras consumirse la mayoría del oxígeno, las superficies ardientes comienzan a desprender este gas, siendo responsable de más muertes esta circunstancia que el propio fuego.

- Las combustiones incompletas de cualquier materia, generalmente el carbón o la madera. Se entiende por combustión incompleta aquella en la que por producirse en un lugar pequeño o mal aireado o por no apagar correctamente los rescoldos, mantiene un quemado lento y constante.

- Los quemadores defectuosos para gas natural, propano o butano, que aunque no posean monóxido de carbono en su composición pueden favorecer la formación de este gas.

- Los tubos de escape de los automóviles, especialmente peligrosos dentro de los garajes que no posean sistemas de ventilación forzada.

- El empleo de pinturas y de disolventes, sobre todo en sótanos o en habitaciones cerradas.

## Modo de actuación ante una intoxicación por monóxido de carbono

**1** La medida inicial que debemos tomar en estos casos es la de retirar a la víctima del lugar del incidente después de haber avisado a los servicios de emergencia. Resulta obvio decir que antes de nada tenemos que valorar nuestra seguridad para poder prestar ayuda, es decir, que hay que ventilar el sitio en primer lugar, aguantar la respiración todo lo posible o salir cada poco rato a airearse si el traslado es dificultoso.

2

**2** Si el individuo no presenta respiración, procederemos a su reanimación con el boca a boca, añadiendo el masaje cardíaco si tampoco presenta pulso. Si respira, es fundamental aplicarle oxígeno tan pronto como sea posible, puesto que es la base del tratamiento, con el fin de desplazar la carboxihemoglobina y purificar la sangre.

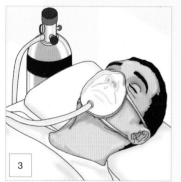

**3** Hasta que el oxígeno llega, podemos imbuir el aire con nuestra boca o con una mascarilla en los pulmones del afectado si está inconsciente y aunque respire. No es raro observar en estos individuos la formación de unas ampollas o vesículas en la piel o de manchas negras en la musculatura que nos pueden orientar hacia este cuadro.

3

Hasta un 10% de las víctimas de esta intoxicación pueden presentar varias semanas después un síndrome tardío consistente en alteraciones psiquiátricas, como trastornos de la conducta, amnesia o dificultad para la concentración, aunque la recuperación haya parecido normal en su momento, sobre todo si se alcanzó el estado de coma. Por tanto, debe consultarse cualquier anomalía que se presente en los días posteriores a los hechos y establecer una vigilancia.

El mayor problema del monóxido de carbono es que se trata de un gas incoloro, inodoro y no irritante, por lo que no sólo es imposible de detectar sin medios adecuados sino que además su efecto dentro del organismo pasa inadvertido hasta que la intoxicación es ya un hecho. Cuando se inhala este gas, llega a la sangre y se combina con la hemoglobina igual que el oxígeno, pero formando un compuesto llamado carboxihemoglobina. Sin embargo, este compuesto es muy estable y no se separa al llegar a los tejidos como hace el oxígeno, por lo que un porcentaje de la hemoglobina circulante está copada por el monóxido y le resta sitio al oxígeno, es decir, dificulta la respiración.

## CUADRO CLÍNICO DEPENDIENDO DEL PORCENTAJE DE HEMOGLOBINA

• Hasta el 25% de carboxihemoglobina cursa con náuseas, malestar, visión borrosa y cefalea, lo justo para que el individuo con un poco de suerte pueda buscar aire fresco o solicitar ayuda.

• Entre el 25 y el 40% comienzan a manifestarse signos de confusión, obnubilación y debilidad extrema. El individuo no puede valerse ya por sí mismo y requiere de ayuda externa para salvar su vida.

• Por encima del 40% aparece un estado comatoso, con bajada brusca de la tensión arterial, hipertermia y convulsiones. La muerte llega en casi la mitad de los casos cuando se alcanza esta fase, quedando en otro importante porcentaje secuelas neurológicas irreversibles.

• Cifras mayores del 60% son incompatibles con la vida, produciéndose la muerte por asfixia.

## INHALACIÓN DE OTROS GASES

Los gases hidrocarbonados, empleados en el hogar como fuentes de energía, son en general poco tóxicos tras su inhalación, siendo en general más peligrosos por su explosión cuando forman bolsas de acumulación. La exposición suficiente y prolongada a propano, metano y butano puede ser grave, no tanto por la entrada de dichos gases en el organismo, sino por el desplazamiento del oxígeno que desemboque en un cuadro de hipoxia cerebral. Por sí solos, estos gases pueden producir una especie de narcolepsia o estado de borrachera y confusión.

El tratamiento por tanto es retirar al individuo de la fuente de gas y localizar ésta, ventilar la estancia y dejarle respirar aire puro. En casos más graves será necesaria la aplicación de oxígeno y la vigilancia posterior, siendo entonces la aparición de secuelas neurológicas el riesgo mayor.

# Trastornos digestivos

## agudos

as dolencias digestivas suponen un motivo frecuente de urgencia médica y de convalecencia en general. En muchos casos están relacionadas con la alimentación, pero en otros son reflejo de una patología mayor que se refleja en el aparato digestivo. Estas molestias se manifiestan principalmente en forma de cuadros más o menos complejos como gastroenteritis aguda, vómitos y dispepsia o indigestión. Vamos a comentar por separado cada uno de estos cuadros, para referirnos finalmente a la crisis hemorroidal, que también se incluye en el aparato digestivo.

### Causas de la gastroenteritis

La mayor parte de las diarreas se transmiten a través de contactos personales directos o con animales, mediante la ingestión de aguas contaminadas y por alimentos en mal estado. En cualquiera de estos casos, un agente patógeno alcanza y ataca el tubo digestivo impidiendo su normal funcionamiento en cuanto a la reabsorción de agua desde las heces durante su proceso formativo. Pero también existen otras causas de gastroenteritis no necesariamente secundarias a agresiones de patógenos externos como son:

• Ingesta de fármacos con efecto laxante como la lactulosa, destructores de la flora bacteriana como los antibióticos y en general antiácidos, mucolíticos, antigotosos como la colchicina, antiinflamatorios o un exceso de dosis de hormona tiroidea, entre muchos otros. Los fármacos empleados como quimioterapia producen también diarrea en muchas ocasiones.

• Colon irritable manifestado en forma de diarreas intermitentes con dolor abdominal en personas jóvenes. La enfermedad inflamatoria intestinal, manifestada como colitis ulcerosa y enfermedad de Crohn, produce cuadros diarreicos prolongados o crónicos.

- Transgresiones dietéticas o empachos pueden acarrear deposiciones líquidas y pastosas como consecuencia de una mala digestión.

- Reacciones alérgicas a ciertos alimentos o fármacos, la enfermedad celíaca aún sin diagnosticar o intervenciones quirúrgicas en la que se extirpe parte del tubo digestivo también pueden desembocar en diarreas frecuentes.

- La toma de alimentos demasiado ricos en fibra y azúcar tomados en exceso como ciertas frutas y las bebidas estimulantes como el café, así como el consumo de tabaco son antecedentes de diarreas.

- La tensión nerviosa puntual o prolongada, el estrés, el miedo, la ansiedad y la angustia pueden acelerar el tránsito intestinal.

## GASTROENTERITIS AGUDA

La gastroenteritis aguda es una enfermedad del tubo digestivo producida por un germen invasor del mismo, una toxina derivada de un alimento en mal estado, una planta ingerida con propiedades tóxicas o simplemente una disfunción del aparato digestivo en el contexto de una enfermedad más o menos grave.

Son muchas las circunstancias, por tanto, que pueden desembocar en este cuadro y que definirán en cada caso su importancia según su duración y su intensidad. Se trata de una de las causas más frecuente de muerte en todo el mundo, especialmente entre la población infantil afecta de malnu-

Náuseas y mareos pueden ser los síntomas del comienzo de una gastroenteritis.

trición, hacinamiento y falta de higiene de países subdesarrollados.

La principal característica de la gastroenteritis es la presencia de diarrea o expulsión aumentada de heces en cuanto a su frecuencia, teniendo éstas además una composición anormal en cuanto a su contenido líquido. Junto con la diarrea pueden aparecer otros signos y síntomas como las náuseas y los vómitos, el dolor estomacal o el dolor abdominal, en forma de espasmos agudos que preceden normalmente a la deposición. Las diarreas de origen infeccioso se pueden acompañar de fiebre. En ciertos tipos de intoxicaciones, la diarrea es sólo un síntoma más junto con lesiones en la piel, alteraciones circulatorias y trastornos neurológicos, por poner un ejemplo.

La inmensa mayoría de los cuadros de gastroenteritis responden de forma benigna al tratamiento y no presentan grandes complicaciones, resolviéndose espontáneamente en un tiempo breve. Sin embargo, este tipo de cuadros pueden resultar graves si se extienden en el tiempo o el individuo que las sufre se encuentra afecto de otras patologías debilitantes.

## CONSECUENCIAS DE LA GASTROENTERITIS

• La principal consecuencia es el riesgo de deshidratación, ya que es la primera causa de muerte en estos casos. Cuando la diarrea se prolonga o el volumen defecado es grande, se pierde una gran cantidad de agua y sales minerales acompañantes de una forma relativamente brusca. Esto pone en funcionamiento los mecanismos compensatorios del organismo, que pueden hacerse insuficientes si no se produce una reposición líquida adecuada y a tiempo.

• Puede producirse la extensión del germen patógeno cuando se trata de una diarrea infecciosa. Un microorganismo que encuentre las condiciones ideales dentro del tubo digestivo puede reproducirse de forma rápida, alcanzar las paredes del mismo y atravesarlo para extenderse por la cavidad abdominal. Una infección localizada puede entonces generalizarse y agravar sobremanera el pronóstico.

La manzana es un astringente natural suave recomendado en la dieta ante una diarrea.

## TRATAMIENTO DE LA GASTROENTERITIS

Enfocaremos el tratamiento teniendo en cuenta las dos complicaciones principales que acabamos de comentar, que aunque no lo parezca, están muy interrelacionadas entre sí. En sí misma, la diarrea en una infección no es más que un mecanismo defensivo del organismo que trata de expulsar tan pronto como pueda el patógeno extraño, e impedir así que atraviese la pared del tubo digestivo. Por tanto, lo primero que tenemos que tener en cuenta es que cortar la diarrea de forma brusca no es ni necesario ni aconsejable, puesto que dejamos al germen actuar libremente más tiempo en el interior del organismo. Sin embargo, por otro lado, una diarrea prolongada elimina la flora bacteriana normal o flora saprofita de las paredes intestinales, cuya función es precisamente impedir que puedan crecer otros microorganismos en las mismas. Atendiendo entonces a ambas circunstancias el tratamiento debe realizarse de la siguiente manera:

Ante una diarrea leve que no se acompañe de fiebre ni signos importantes de infección se deben administrar únicamente líquidos isotónicos que aporten agua y electrolitos. Estos líquidos, como la limonada alcalina que después explicaremos, el suero oral o las bebidas deportivas de recuperación, se deben tomar a tragos cortos cada 15 minutos de forma aproximada, y se deben mantener durante varios días hasta que las heces tengan una consistencia normal. En cuanto a la dieta que se debe seguir existe cierta contro-

El limón es un ingrediente que puede utilizarse para preparar un suero casero en caso de diarrea sin tener que acudir a preparados específicos de farmacia.

versia. Algunos autores recomiendan la dieta absoluta y sólo beber los líquidos mencionados durante las primeras 24 horas, con el fin de mantener en reposo el tubo digestivo y favorecer su recuperación; hoy en día sin embargo, se tiende a recomendar que se coma desde el primer momento, siempre y cuando se haga de forma moderada y evitando comidas fuertes o muy grasas, verduras, picantes, fritos o el café. La dieta ideal debe basarse en manzana, albaricoque, plátano, arroz cocido, zanahoria, pan tostado, jamón cocido y pescado hervido, siempre en pequeñas cantidades. No deben nunca darse ni leche ni derivados como el yogur durante los primeros días, ya que la diarrea elimina las lactasas encargadas de su digestión y resultan agresivos para el intestino. Cuando ceda la diarrea, sí se deben tomar para recuperar la flora bacteriana intestinal. Los vómitos que acompañan a este cuadro en muchas ocasiones suelen ceder tras las primeras horas; de no ser así, se pueden administrar fármacos como la metoclopramida los días necesarios hasta que cedan.

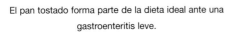

El pan tostado forma parte de la dieta ideal ante una gastroenteritis leve.

LIMONADA ALCALINA CASERA

**1** Para preparar la fórmula de la limonada alcalina casera, se usarán los siguientes ingredientes:

- Un litro de agua no necesariamente hervida.

- El zumo de dos limones.

- Una cucharadita rasa (de las pequeñas) de sal común o cloruro sódico. Si tenemos sal potásica pondremos un cuarto de cucharadita de ésta y sólo media de la anterior.

- Un poco de bicarbonato sódico, como una punta de cuchillo de forma aproximada.

- Dos cucharadas soperas de azúcar.

**2** El ritmo ideal de ingesta de este líquido es de unos tres litros diarios, ni muy caliente ni muy frío, removiendo el contenido cada vez que se vaya a beber.

**3** Ante una diarrea grave con deposiciones incontroladas, que se acompaña de vómitos y que manifiesta ya signos de deshidratación por su excesiva duración, será necesaria una rehidratación más intensa a nivel hospitalario. Si se hace insuficiente la vía oral, será necesaria la administración de sueros por vía venosa para estabilizar al enfermo al tiempo que se descartan complicaciones generales de la infección. Sólo en esta situación, es decir, con riesgo grave de deshidratación, está indicado el empleo de sustancias astringentes como la loperamida para frenar el número de deposiciones, siempre y cuando el individuo no presente fiebre. En cualquier caso, es preferible consultar al médico antes de tomar cualquier decisión cuando una diarrea se prolonga y no cede con la dieta y la rehidratación oral.

Otro punto de controversia es el empleo de antibióticos en casos de diarrea aguda. En principio, debemos pensar que la diarrea infecciosa es de origen vírico y que por tanto el empleo de antibióticos no va a mejorar su evolución, sino más bien al contrario, va a dañar más aún la flora intestinal protectora. Por tanto sólo en aquellos casos en los que, bien por la presentación del cuadro (por ejemplo una epidemia) o bien porque se realice un cultivo de heces, tengamos la seguridad de que una bacteria es la causante de la diarrea se indicará el uso de antibióticos. Los más empleados en estos casos son el ciprofloxacino de 500 mg cada 12 horas durante cuatro o cinco días, el metronidazol de 250 mg cada seis horas durante siete días o ciertas sulfamidas. Si se hace inevitable el empleo de astringentes para cortar la diarrea por el riesgo de deshidratación grave, se deben administrar antibióticos con el fin de impedir la extensión del germen dentro del organismo. En caso de dolor abdominal persistente en forma de retortijones o espasmos de la musculatura abdominal se emplearán fármacos como la butilescopolamina para su alivio.

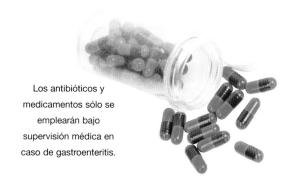

Los antibióticos y medicamentos sólo se emplearán bajo supervisión médica en caso de gastroenteritis.

## Signos de deshidratación

• Piel seca con el signo del pliegue positivo: esto significa que al pellizcar levemente la piel en zonas como el cuello o los brazos, se mantiene un pliegue en la piel unos cuantos segundos en vez de retornar en seguida a su posición normal.

• Sed imperiosa que no se calma bebiendo agua.

• Sequedad en las mucosas, especialmente la oral, con boca pastosa que no permite hablar correctamente.

• Aspecto de los ojos como hundidos y sin brillo.

• Orina escasa y muy coloreada. Ausencia de sudoración.

## Vómitos

El vómito es la expulsión por la boca o la nariz del contenido del tubo digestivo superior como consecuencia de la contracción brusca de la musculatura que le rodea. La náusea es la sensación subjetiva de necesidad o ganas de vomitar. El vómito puede responder a múltiples causas y ser único o repetido en el tiempo. Los cuadros de gastroenteritis anteriormente comentados se acompañan en muchas ocasiones de vómitos al inicio, que luego ceden espontánea-

mente, siendo ésta la causa más frecuente de los mismos. Sin embargo, otros procesos pueden también provocar esta reacción bien de forma defensiva para eliminar un alimento que está provocando molestias digestivas, o bien por estimulación del centro del vómito cerebral.

## CAUSAS NO INFECCIOSAS DEL VÓMITO

• Trastornos motores digestivos secundarios, por ejemplo la obstrucción o mal funcionamiento del peristaltismo esofágico o por el reflujo gastroesofágico por incompetencia del esfínter esofágico.

• Por un cuadro infeccioso general acompañado de fiebre o malestar general, o con el inicio de una apendicitis.

• Infecciones o tumores craneales que cursen con aumento de la presión intracraneal o en cuadros de vértigo o mareos.

• Ingesta excesiva o de alimentos excesivamente fuertes o indigeribles por el organismo humano. Empacho. También por la ingesta excesiva de agua o por hipoglucemia.

• Entre las causas psicológicas, destacan los vómitos autoprovocados dentro de un cuadro de anorexia o bulimia y los que surgen por miedo, angustia junto con visualización, olor o relato de imágenes desagradables.

• Vómitos ocurridos por cólicos biliares, pancreatitis y hepatitis.

• Primer trimestre del embarazo.

• Vómitos secundarios a fármacos como algunos antibióticos, antidiabéticos orales, anticonceptivos y sustancias quimioterápicas para el cáncer. También por el abuso de alcohol u otras drogas.

Varios núcleos cerebrales y del bulbo raquídeo tienen la potestad de inducir y desencadenar el vómito en respuesta a los estímulos recibidos. En ocasiones esta respuesta será positiva y producirá un alivio del individuo; en otras por el contrario, el vómito es una reacción no deseada e inútil. Cuando se vomita varias veces es frecuente que las primeras sean de contenido alimenticio, a veces casi sin digerir, aunque hayan

Una analítica puede revelar mayor concentración de leucocitos en caso de vómitos.

pasado muchas horas, mientras que los últimos son vómitos casi secos, con bilis o simplemente babas.

No es extraño que en personas jóvenes, y en general en cualquiera que tenga un potasio bajo en sangre, los vómitos se acompañen de rigidez en las manos o en las piernas o incluso que se contraigan los músculos involuntariamente sin poderse relajar; esto se debe al descontrol entre el equilibrio de los iones sanguíneos como consecuencia de la pérdida brusca de líquido por el vómito. Otros signos asociados al vómito son el dolor epigástrico como consecuencia del esfuerzo del mismo y que puede permanecer varios días y la aparición de petequias o manchas rojizas puntiformes en la piel. En la analítica puede verse una elevación de los glóbulos blancos o leucocitos sin signos de infección.

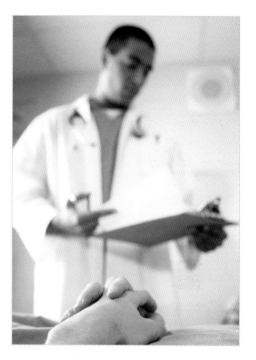

Ante un cuadro de vómitos incoercibles se recomienda acudir al centro hospitalario.

## ACTUACIÓN ESPECIAL ANTE VÓMITOS PERSISTENTES

1 Identificar la causa de los mismos descartando cuadros graves tanto digestivos como neurológicos.

2 Impedir la deshidratación, especialmente si existe diarrea acompañante.

3 Proteger el tubo digestivo a medio y largo plazo, ya que la irritación del esófago por el paso de los ácidos estomacales de forma reiterada acaba produciendo lesiones en el mismo en forma de esofagitis.

## TRATAMIENTO DE LOS VÓMITOS

Como decíamos anteriormente, en la mayoría de los casos en los que se produce un vómito se trata de un hecho aislado dentro de un cuadro de malestar general que produce un cierto alivio y que no tiende a repetirse.

Si son las náuseas las que resultan molestas y repetidas, pero no se llega a vomitar, puede ser bueno tomar alguna infusión como té sin azúcar para conseguir vomitar y quedarse a gusto. La opción de estimular la garganta con los dedos para inducir el vómito debe reservarse para casos extremos y en cualquier caso no abusar de ella, ya que los vómitos repetidos o habituales debilitan el esfínter esofágico.

Si nos encontramos con un caso de vómitos aislados sin signos acompañantes de gravedad debemos esperar primeramente a que éstos cedan por sí solos, y para ello no debemos dar bebida ni comida alguna durante una media hora. Si pese a que no se está tomando nada, se sigue vomitando más de las cuatro o cinco veces que podríamos considerar normales, será necesario empezar a rehidratar. Para ello emplearemos el suero oral o la limonada alcalina a pequeños sorbos, aprovechando para tomar un comprimido o una cucharada de cualquier antiemético como la metoclopramida o la domperidona. Pasadas unas horas, cuando se estabilice la situación y se admita el líquido sin vomitarlo, se puede empezar a comer; se deben dar alimentos más salados que dulces, sin grasas y sin residuos no digeribles, en pequeñas cantidades y siempre al gusto del enfermo, ya que los alimentos comidos con mala gana se vomitan con mucha mayor facilidad.

Cuando los vómitos se repiten de forma exagerada y no se pueden controlar con las medidas habituales se denominan incoercibles. En esta situación y si se manifiesta un riesgo de deshidratación o de daño en el tubo digestivo será necesario el traslado a un hospital. Igualmente se hará cuando concurran signos de gravedad como obnubilación mental, fiebre alta, dolor abdominal intenso o sospecha de intoxicación. Del mismo modo los vómitos de contenido hemático o sanguinolentos deben ser estudiados inmediatamente.

Durante el embarazo es más frecuente padecer el reflujo gastroesofágico.

## DISPEPSIA O INDIGESTIÓN

Se denomina así a un cuadro de molestias inespecíficas relacionadas con el proceso de digestión del alimento, que ocurren de forma repetida cada vez que se come o en determinadas ocasiones puntuales. La dispepsia es por tanto un problema agudo o crónico que tiene su origen en trastornos concretos como son:

• El reflujo gastroesofágico o retorno de la mezcla de alimentos y ácidos gástricos al esófago por una actividad incompetente del esfínter que separa ambos órganos. La hernia de hiato, el embarazo y enfermedades como la esclerodermia favorecen este reflujo, que con el tiempo es perjudicial para el esófago, e incluso potencialmente cancerígeno.

• Retraso en el vaciamiento gástrico por una disfunción de su motilidad que le impide volcar el contenido del bolo alimenticio dentro del intestino en la forma y en el tiempo adecuado.

• Presencia de gastritis o irritación de la mucosa gástrica y de úlceras gástricas o erosiones de la misma. Estas situaciones pueden provocar un dolor sordo en el epigastrio en relación con la toma de comida o con el ayuno prolongado. La infección por *Helicobacter pylori* favorece estas dos patologías y por sí misma también parece ser capaz de producir dispepsia.

## TRATAMIENTO DE LA DISPEPSIA

Dado que se trata de un hecho asociado a la ingesta de alimentos, el primer paso será evitar aquellos que con más facilidad producen cuadros de indigestión. Además de cualquier comida en general copiosa o excesivamente fuerte, deberemos tener cuidado con:

• Los picantes utilizados en salsas o como ingrediente.

• El alcohol por encima de las cantidades recomendables.

• La cafeína.

• Las grasas, especialmente las provenientes de frutos secos, los helados y de alimentos fritos en abundante aceite.

MODO DE ACTUACIÓN
ANTE LA DISPEPSIA

1 Limitar el consumo de alcohol y bebidas estimulantes. Tomar leche sin azúcar cuando se sienta ardor de estómago.

2 Llevar una dieta sana y equilibrada evitando los alimentos mencionados.

3 No tumbarse ni acostarse después de la comida, así como no realizar un ejercicio físico intenso.

4 No abusar del bicarbonato sódico o incluso mejor no utilizarlo nunca como antiácido.

5 No llevar ropas apretadas a la altura del abdomen ni fajas durante mucho tiempo.

6 Elevar la cabecera de la cama unos 15 o 20 cm respecto a los pies de la misma.

7 Los principales fármacos que podemos emplear para el tratamiento de la dispepsia son antiácidos que contienen magnesio o aluminio, inhibidores de la producción de ácido como el omeprazol o antagonistas como la ranitidina o la famotidina. Existen además otros compuestos llamados procinéticos cuyo objetivo es estimular el funcionamiento del estómago y favorecer su vaciado como la cinitaprida o la clebopprida.

La cafeína empeora el cuadro de dispepsia, por lo que se evitará su ingesta en forma de café o refrescos.

• La vainilla.

• El tabaco.

Ciertos fármacos como los analgésicos y la teofilina pueden favorecer el reflujo, mientras que los antiinflamatorios, los corticoides y la aspirina pueden dañar directamente la mucosa gástrica aunque se tomen puntualmente y producir incluso una hemorragia digestiva.

## CRISIS HEMORROIDALES

Las venas hemorroidales se encuentran en el canal anal, que no es más que la conexión entre el recto o porción final del intestino y el exterior. Estas venas pueden tener dilataciones varicosas que aumenten su tamaño y engrosen la mucosa interna del canal, manifestándose tanto a nivel interno como externo.

Las hemorroides se presentan hasta en el 50% de la población y salvo contadas excepciones siempre se deben a una misma circunstancia: el estreñimiento manifestado como esfuerzos repetidos a la hora de defecar. Por tanto a largo plazo toda persona que tienda a tener dificultades de este tipo puede acabar desarrollando hemorroides más tarde o más temprano. Durante los esfuerzos del parto muchas mujeres pueden desarrollar bruscamente hemorroides que serán muy molestas durante el puerperio; esto se debe a que necesitan desarrollar una presión abdominal muy intensa que también se transmite al canal anal.

Los síntomas que acompañan a las hemorroides son dolor anal, manifestado o no con la defecación, prurito y sangrado con las heces que puede ser ocasional o estar siempre presente. Habitualmente las hemorroides producen crisis hemorroidales, esto es, periodos de reagudización muy dolorosos que impiden incluso sentarse correctamente, con sangrado importante y pánico real a tener que ir al servicio. La complicación más grave es la trombosis de

✚ ALIVIO DE LOS SÍNTOMAS DE UNA CRISIS HEMORROIDAL

1 Evitar los irritantes como picantes, cítricos, alcohol, chocolate, vinagre, salazones y frutos secos.

2 Tomar baños de asiento con agua más bien fría añadiendo un poco de sal durante 15 o 20 minutos.

3 Aplicar hielo metido en bolsa doble de plástico directamente sobre el ano descansando cada pocos segundos; si el individuo no se puede sentar, puede utilizar un flotador.

una vena hemorroidal, lo que produce un cuadro inflamatorio agudo y requiere de intervención rápida.

TRATAMIENTO

La prevención del estreñimiento es la primera medida que hay que tomar para impedir la formación de hemorroides o evitar que aparezcan nuevas crisis. Por tanto hay que mantener una dieta rica en fibras y frutas con abundante hidratación; si aún así se mantiene el estreñimiento habrá que utilizar laxantes siempre bajo control médico. Otra medida preventiva eficaz es la educación intestinal; nos referimos a que el individuo debe seguir una serie de normas en sus hábitos defecatorios como:
• Tratar de acudir al servicio siempre a la misma hora.
• Elegir un momento que coincida después de una comida.
• Beber agua en ayunas para estimular el intestino.
• Nunca forzar la defecación si se ve que no se hará con facilidad.

• Masajear el abdomen inferior con suavidad, sobre todo el lado izquierdo, antes de defecar para favorecer la expulsión de las heces.
• Introducir con la cánula que siempre trae la crema antihemorroidal por el ano antes de la defecación, con el fin de lubricar las paredes del canal.
Durante el baño o la ducha, hay que aprovechar el agua jabonosa para reducir la hemorroide introduciéndola de nuevo en el ano; aunque se vuelva a salir, a largo plazo podemos favorecer que la vena retorne a su posición original.

Una dieta que incluye frutas es el mejor tratamiento a largo plazo para las hemorroides.

4 Aplicar, interna y externamente, crema antihemorroidal tres veces al día.

5 Tomar cualquier tipo de antiinflamatorio, salvo la aspirina, para combatir el dolor.

6 Utilizar tratamientos específicos como antivaricosos sistémicos del tipo hidrosmina, diosmina o hesperidina a dosis altas, que producen una mejoría sintomática relativamente importante.

7 La cirugía es el tratamiento definitivo cuando no se obtiene mejoría con ninguno de estos métodos o se produce una trombosis hemorroidal.

# Intoxicaciones

## por sustancias

En este tercer capítulo dedicado a las intoxicaciones nos referiremos finalmente a todas aquellas que tienen su origen en la ingesta, accidental o no, de diversas sustancias calificadas como drogas de abuso o de fármacos empleados de forma excesiva o inadecuada. Mientras que en el primero de los casos, las drogas, la mayoría de las intoxicaciones son debidas al uso de la propia sustancia, ya que no se puede definir claramente un rango aceptable de utilización, en el caso de los fármacos sí existe dicho rango, y por tanto su abuso suele ser voluntario con deseos de suicidio, aunque también existen casos de descuido del individuo o prescripción errónea por parte del médico. Recordemos que ya los antiguos decían que la dosis hace al tóxico y que por tanto la intoxicación se produce a partir de la consumición de unas cantidades mínimas y concretas de sustancia, lo que la diferencia de sus posibles usos terapéuticos.

Corresponde a este libro referirse a las intoxicaciones agudas, es decir, a aquellas limitadas en el tiempo y secundarias a una toma relativamente rápida y masiva de cualquiera de los productos antes mencionados. El consumo repetido de alcohol, de drogas o de ciertos fármacos puede producir intoxicaciones de carácter crónico, también peligrosas, pero que no requieren de una actuación inmediata o urgente, o que en cualquier caso puedan ser incluidas dentro de los primeros auxilios.

Podemos dividir entonces las intoxicaciones por sustancias en tras grandes grupos, a saber: intoxicaciones etílicas, intoxicaciones por abuso de drogas e intoxicaciones farmacológicas.

## Intoxicación etílica

El alcohol es un componente fundamental de gran cantidad de bebidas como la cerveza, el vino y otros licores a las que clasifica precisamente como alcohólicas. Todas estas bebidas obtienen su porcentaje alcohólico correspondiente a partir de la fermentación o la destilación de ciertos alimentos o en ocasiones por simple adición del mismo. El alcohol que poseen normalmente estos productos es el etanol, de ahí que hablemos de intoxicación etílica o etilismo, si bien se emplea también el metanol, que es mucho más peligroso, en las bebidas llamadas metiladas o con el fin de adulterar las bebidas normales.

El organismo de los seres humanos es capaz de tolerar unos niveles bajos de alcohol e incluso, como sabemos, se han descrito sus efectos beneficiosos en múltiples circunstancias cuando se toma de forma moderada y controlada, si bien estos efectos no son producidos enteramente por el alcohol, sino por otras sustancias formadas con el mismo y que lo acompañan dentro de las bebidas. El hígado es el órgano encargado de metabolizar esta sustancia de forma casi completa, eliminándose un pequeño porcentaje por la respiración, lo que permite su detección a través de alcoholímetros.

El alcohol es una droga legal en la mayoría de los países desarrollados y como consecuencia de su consumo abusivo surgen cada vez más casos de intoxicaciones agudas. Se trata de hecho de la intoxicación aguda más frecuente en los adul-

tos y posiblemente lo sea ya entre los jóvenes, cuyo acceso al mundo de las bebidas alcohólicas es cada vez más temprano y más ingente. Para que se produzca una intoxicación de este tipo, el primer paso lógicamente debe ser la ingesta excesiva de bebida en un periodo corto de tiempo, aunque no debemos olvidar que los fenómenos de dependencia creados en individuos que sufren un alcoholismo crónico (hasta el 20% de la población en algunas sociedades) hacen que pequeñas cantidades de alcohol produzcan embriaguez. Por el contrario, los fenómenos de tolerancia pueden enmascarar una intoxicación aguda grave en un individuo que no aparenta embriaguez pero que ha bebido en exceso.

El hígado es el órgano más afectado en caso de intoxicación etílica.

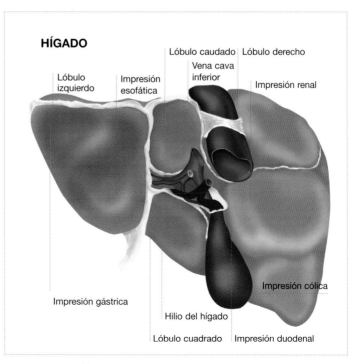

**HÍGADO**

Lóbulo caudado | Lóbulo derecho

Vena cava inferior

Impresión renal

Lóbulo izquierdo | Impresión esofática

Impresión gástrica

Impresión cólica

Hilio del hígado

Lóbulo cuadrado | Impresión duodenal

## FACTORES QUE INFLUYEN EN LA INTOXICACIÓN ETÍLICA

- LA EDAD DEL INDIVIDUO: la tolerancia a los efectos secundarios del alcohol se desarrolla con su consumo y con la maduración y adaptación del metabolismo.

- EL SEXO DEL INDIVIDUO: las mujeres poseen una cantidad menor de ciertas enzimas gástricas encargadas de romper inicialmente la molécula de etanol como primer paso de su metabolización hepática.

- LAS CARACTERÍSTICAS FÍSICAS DEL INDIVIDUO: como ante cualquier sustancia consumida, el peso y la envergadura determinan también el efecto de la misma.

- LAS CIRCUNSTANCIAS QUE ACOMPAÑAN A LA INGESTA: no produce el mismo efecto beber alcohol en ayunas que hacerlo mientras se come. Así mismo, la ingesta rápida satura antes los mecanismos de eliminación y permite una mayor acumulación de alcohol en sangre que la ingesta pausada.

- LAS CARACTERÍSTICAS DE LA BEBIDA: las bebidas de alto contenido en alcohol o aquellas que llevan carbónico en su composición provocan el estado de embriaguez con mayor facilidad.

- LOS TRATAMIENTOS ACOMPAÑANTES: la mezcla de ciertos fármacos con alcohol, o aún peor, la toma de drogas de forma conjunta al mismo, aceleran los efectos tóxicos y pueden complicar de sobremanera el cuadro de intoxicación.

La sintomatología que surge a medida que se consuma la ingesta de alcohol transcurre de forma paralela a las concentraciones que el mismo va alcanzando en la sangre. Se mide en miligramos de alcohol por decilitro de sangre. Si bien existen diversas clasificaciones acerca de la progresión de la borrachera (algunas populares muy graciosas), de forma práctica podemos distinguir tres fases concretas en su evolución:

1. A partir de 0,25 g/l comienzan en la mayoría de los casos una serie de afectaciones cerebrales por inhibición de ciertas vías neuronales que desembocan en hipe-

rexcitabilidad de la corteza cerebral, manifestada en forma de aumento de la sociabilidad, locuacidad, pérdida de las inhibiciones y finalmente euforia. El fetor o aliento alcohólico se detecta desde las primeras bebidas tomadas. A medida que se incrementa dicha concentración se pierde parcialmente la capacidad de concentración y de raciocinio, al tiempo que surge una pérdida de habilidad motora y de coordinación. Se observa además un acaloramiento corporal que en la cara se aprecia como rubicundez. El 75% de las intoxicaciones se detienen al llegar a esta fase y no progresan más.

2. A partir de 1 g/l se empiezan a producir alteraciones en el funcionamiento del equilibrio que se manifiestan como andar irregular y separación de las piernas para mantener mejor base de sustentación. Aparecen además otros signos como dificultad para el habla, visión doble o borrosa y trastornos en la conducta, generalmente conducta inapropiada, obscena o excesivamente amistosa. Según aumenta el consumo va apareciendo obnubilación, incoherencia en el lenguaje, frío, vómitos y dificultad para mantenerse de pie; se acaba por tanto de forma brusca la euforia y comienza la fase depresiva de la embriaguez. El individuo normalmente se duerme irremediablemente unas cuantas horas para despertarse con resaca y posiblemente con amnesia de la parte final de su borrachera. De forma aproximada, un 18% de las borracheras alcanzan este estado y no pasan al grado más grave.

3. A partir de 2,5 g/l el cuadro se complica gravemente con signos de afectación cerebral aguda que pueden acompañarse de pérdida de conciencia, crisis convulsivas con relajación de esfínteres y dificultad para la respiración. Si se persiste en el con-

A partir de ciertos niveles de alcohol en sangre se puede perder la conciencia y llegar al coma.

sumo o la ingesta en las fases previas en las que aún se mantenía la conciencia, se alcanza el estado de estupor y posteriormente de coma. En el 7% de los casos se llega hasta este punto.

Cuando un individuo supera las cifras de 5 g/l se acerca peligrosamente a las cifras que son incompatibles con la vida, siendo inevitable la muerte por depresión respiratoria por encima de 5,5-6 g/l.

TRATAMIENTO DE LA INTOXICACIÓN ETÍLICA

Sirva todo lo comentado hasta este momento como el mejor tratamiento posible para este tipo de intoxicación, ya que la preven-

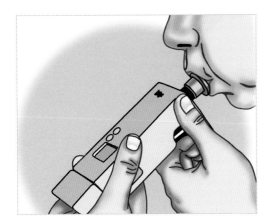

Un alcoholímetro puede indicar los niveles de alcohol en sangre y servir como diagnóstico.

## Modo de actuación ante la intoxicación etílica según su gravedad

ción del alcoholismo debe ser fundamental en las sociedades modernas desde temprana edad y no hay mejor prevención que la que da el conocimiento.

Una vez producida la situación tendremos que afrontarla y tratarla, con el fin último no tanto de curarla, sino de prevenir sus complicaciones. El alcohol no tiene un antídoto concreto ni existen medidas milagrosas que hagan desaparecer la embriaguez de forma rápida. Por tanto, el primer paso a realizar es siempre una valoración del estado general del individuo tratando de cuantificar la cantidad de bebida tomada y en cuánto tiempo, las condiciones en las que se ha realizado la ingesta y las características concretas del mismo en cuanto a enfermedades, fármacos o la posibilidad de haber tomado otras drogas. El uso de alcoholímetros, cada vez más a mano entre la población para evitar multas de tráfico, nos puede ser útil para tratar de situar la fase concreta de embriaguez y por tanto la gravedad del cuadro.

1 En las fases iniciales de la embriaguez basta con detener el consumo de alcohol de forma definitiva, comer algo en pequeñas cantidades y trasladar al individuo a un sitio tranquilo para que se despeje poco a poco. El efecto del alcohol sobre el cerebro es mucho mayor cuando las concentraciones del mismo están creciendo, por lo que al frenar la ingesta y tranquilizarse, la recuperación debe ser relativamente rápida. Si se sabe o se sospecha que se ha tomado una gran cantidad de bebida en la hora previa y que por tanto todavía pueden subir las concentraciones, se debe proceder al vómito con el fin de eliminar la mayor cantidad posible antes de que pase a la sangre. Por supuesto se debe evitar cualquier actividad peligrosa, incluyendo la conducción, aunque aparentemente se haya recuperado la normalidad. No se debe administrar ningún tipo de remedio «mágico» ni en general ninguna bebida, salvo agua de forma moderada. Se puede despejar al individuo con agua fresca en la cara. Dado que en la mayoría de los casos la evolución con estas medidas es buena, no es necesaria la asistencia médica en este momento, salvo que concurran circunstancias como tratamientos farmacológicos concomitantes, empleo de otras drogas, enfermedades previas o un retraso que pueda ser considerado como excesivo del proceso de recuperación.

2 Cuando nos enfrentamos a una embriaguez más grave en la que el individuo ha perdido la capacidad de autocontrol o directamente se encuentra obnubilado o en estado de estupor, se hace imprescindible dirigirse a un centro médico. Esto es debido a que la ingesta desmesurada de alcohol se asocia con trastornos de todo tipo como las mencionadas crisis convulsivas, la hipoglucemia, la hepatitis aguda alcohólica, los trastornos de iones en la sangre y en general a diversos daños cerebrales. Mientras se produce el traslado debemos tomar algunas medidas preventivas como la de proteger al individuo de caídas, ya que los traumatismos craneoencefálicos son muy habituales en estos casos. Otra medida es la de vigilar el vómito, ya que puede ahogar al sujeto si se encuentra boca arriba; la posición ideal es ésta pero con la cabeza inclinada a un lateral. Finalmente, debemos cubrirle con una manta para evitar la pérdida de calor o hipotermia que acompaña estos casos. El empleo de cualquier sustancia, especialmente los famosos complejos de vitamina B, debe reservarse para el hospital, ya que su efectividad por vía oral es lenta y escasa.

3 Una mención aparte merece el llamado *delirium tremens.* Se denomina así a un cuadro de agitación, temblor, obnubilación y alucinaciones que aparecen en un bebedor habitual importante tras un periodo de abstinencia de 48 horas. Aunque en la mayoría de los casos el curso de esta patología es benigno, hasta en un 10% de ellos pueden surgir complicaciones de forma rápida que desemboquen en la muerte sin ninguna causa concreta de la misma. Por tanto ante esta situación debe solicitarse siempre asistencia médica con el fin de vigilar la estabilidad del individuo e instaurar el tratamiento oportuno.

## INTOXICACIÓN POR DROGAS

Aunque sería más oportuno decir «otras drogas», ya que el alcohol es una de ellas, se reserva normalmente este término para referirse a cualquier estupefaciente introducido en el organismo por vía oral, respiratoria o intravenosa con el fin de obtener un efecto psicológico placentero. Es bien sabido que el uso de drogas difícilmente puede ser controlado por la propia naturaleza de las mismas. A medio plazo surgen complicaciones de tipo físico y psíquico con su empleo y un grado mayor o menor de dependencia que atrapa a quien las usa. El uso racional de las drogas es por tanto una ilusión que mantienen muchos consumidores hasta que comienzan a percibir sus

MODO DE ACTUACIÓN ANTE UNA INTOXICACIÓN POR DROGAS

1 El primer paso, como ante cualquier intoxicación, es tratar de identificar la droga empleada, su dosis de forma aproximada y la vía empleada. Incluso, si es posible, se debe llevar al hospital una muestra de la misma para intentar analizarla e identificarla. Se deben por tanto revisar sus ropas con este objetivo y preguntar a sus posibles acompañantes. En este sentido, se puede también tratar de comunicar con los servicios de toxicología disponibles las 24 horas del día. Posteriormente hay que determinar el tiempo transcurrido desde su consumo y si se trata de un hecho puntual o habitual en el individuo.

2 Hay que realizar una exploración física básica del individuo, comprobar que respira y tiene pulso, el estado de las pupilas, grado de conciencia y búsqueda de signos de venopunción en los brazos o tobillos. Como siempre, se le debe colocar en posición de seguridad boca arriba y con la cabeza a un lado y taparle con una manta. Si se produce una parada cardiorrespiratoria se procederá con el protocolo de reanimación. En aquellos casos en los que la droga haya sido ingerida por vía oral de forma reciente y el sujeto se encuentre consciente, se puede inducir el vómito para evitar que se absorba más.

3 Finalmente, se deben investigar antecedentes patológicos del individuo, aparte del consumo de drogas, como enfermedades previas o uso de medicamentos.

efectos secundarios y requieren ayuda para lograr el abandono de las mismas.

Existen hoy en día diferentes tipos de drogas en el mercado. A las más tradicionales como la heroína, la cocaína, el ácido lisérgico o la marihuana se han sumado muchas otras llamadas drogas de diseño que suelen agrupar anfetaminas y otras sustancias en muchos casos desconocidas. Un problema añadido es el desconocimiento exacto o aproximado de lo que se está

La cocaína es una de las drogas más utilizadas por vía respiratoria, aunque también se fuma.

tomando con este último tipo de drogas comentado, lo que dificulta de manera importante su diagnóstico y su tratamiento.

TRATAMIENTO GENERAL Y ESPECÍFICO

Nos corresponde aquí sin embargo referirnos al abuso agudo de las mismas en cuanto a sus manifestaciones y en cuanto a las medidas que podemos tomar una vez que se produce la intoxicación, que por otro lado no son muchas fuera del medio hospitalario. El tratamiento de la adicción crónica requiere de programas especiales de desintoxicación y seguimiento.

La intoxicación por drogas, sea por sobredosis o por adulteración de las mismas, requiere siempre de valoración y tratamiento hospitalario, bien sea para vigilar las constantes del individuo y prevenir complicaciones o bien para aplicar los diversos antídotos si los hubiere. No es aconsejable en ningún caso obviar o retrasar la asistencia médica, aunque se tenga experiencia en este tema o los síntomas no parezcan importantes.

## CLASIFICACIÓN DE DROGAS Y SU TRATAMIENTO

- OPIÁCEOS: se denominan así a los derivados de la planta de la adormidera, principalmente la morfina y sus derivados como la heroína, la codeína y la metadona. Si bien es la heroína la empleada tradicionalmente como estupefaciente, otras como la codeína pueden ser utilizadas en este sentido, teniendo en

cuenta que se encuentra presente en muchos medicamentos como antitusígeno o analgésico. La sobredosis por opiáceos produce un cuadro de euforia inicial que se sigue de un aletargamiento y sedación que puede desembocar en depresión respiratoria y muerte. La presencia de miosis (disminución del tamaño de las pupilas) es un signo muy típico de este tipo de drogas. El tratamiento médico con naloxona produce una recuperación espectacular del cuadro, si bien requiere una vigilancia posterior mínima de 12 horas.

- COCAÍNA: se trata de un estimulante extraído de las hojas de la planta de la coca que se utiliza por vía nasal o fumado, como el crack, que es una combinación de cocaína y bicarbonato sódico. Inicialmente esta droga produce una mejora del estado de ánimo y del vigor que persiste unos 20 minutos y rara vez más allá de la hora. A medida que el consumidor se habitúa a la misma, sus efectos son más cortos y escasos y se aumentan progresivamente la frecuencia y la dosis. La sobredosis de coca-

ína, a la que se puede llegar con el tiempo sin que el consumidor se está dando cuenta, produce un cuadro grave de alucinaciones, delirios, elevación de la temperatura, dificultad respiratoria, convulsiones y arritmias cardíacas, a veces fatales, ya que pueden derivar en la muerte. Estas últimas pueden aparecer incluso con dosis no muy altas en individuos con alteraciones cardíacas desconocidas. Para la cocaína no existe un antídoto concreto. No es cierto por tanto que la cocaína sea una droga limpia, ni tampoco que no produzca abstinencia, ya que, aunque fuera solamente psicológica, el abandono de su consumo crónico es en muchas ocasiones dificultoso.

• MARIHUANA: las hojas y la resina de la *Cannabis sativa* sirven para preparar cigarros de marihuana y hachís respectivamente. El delta-9-tetrahidrocannabinol (THC) es el compuesto más activo de esta droga, que pasa rápidamente a la sangre y de ésta al hígado, donde se transforma en otros metabolitos que son los que producen sus efectos psicotrópicos. La intoxicación por marihuana produce un estado de somnolencia leve y relajación que no difiere en exceso de sus propios efectos normales. Los ojos se enrojecen y aparece normalmente taquicardia que luego ya no se acusa en los fumadores crónicos. Sin embargo, dicha taquicardia puede desembocar en anginas de pecho en personas predispuestas. A dosis muy altas o asociadas con el alcohol puede producir trastornos de la conducta, sobre todo en sujetos con patologías psicológicas de base. Al igual que en el alcoholismo, el consumo crónico de marihuana o hachís produce una dependencia que puede desorganizar la vida de la persona, aislarle social o laboralmente e impedir su maduración.

• ANFETAMINAS: el empleo de anfetaminas da nombre a diversas sustancias como por ejemplo el *speed* o *ice* (metanfetamina) y el éxtasis (metilendioximatanfetamina), si bien su empleo dentro de las drogas de diseño multiplica sus derivados y sus nombres de todo tipo como píldora del amor, elefantes, ocho y medio, corazones azules, casper, trébol, dogo, corona, edén y hasta incluso canal plus. El efecto buscado con estas sustancias, muchas veces más baratas que el alcohol, es la disminución de la fatiga y la euforia. Sin embargo, se corren dos tipos de

riesgo con su empleo; uno inmediato en forma de arritmias cardíacas, hipertensión y convulsiones y uno posterior en forma de cefalea, dificultad para la concentración, alteraciones del sueño y del apetito, vómitos y diarreas. Como el resto de intoxicaciones por drogas, requiere vigilancia hospitalaria si aparecen complicaciones inmediatas y la consulta al médico si se sospecha el consumo crónico.

• LSD O DIETILAMIDA DEL ÁCIDO LISÉRGICO: se trata de un potente estupefaciente de más de 50 años de antigüedad cuyo uso parece que comienza a extenderse de nuevo. Su principal efecto es la aparición de sensaciones psicodélicas, definidas como un viaje placentero de percepciones distorsionadas a modo de ilusiones visuales y auditivas; de ahí que se denominen «tripis». Si bien no se han descrito casos de muerte secundaria a su empleo directo, el LSD produce temblor, hipertensión, taquicardias y midriasis (aumento del tamaño de las pupilas). Sumado al riesgo de todo esto está la mayor facilidad para el desarrollo de una crisis de angustia («mal viaje») y de pánico que acaban casi siempre en el hospital. A largo plazo pueden surgir psicosis y trastornos graves del comportamiento.

• La llamada POLIDROGADICCIÓN o consumo simultáneo de drogas plantea un problema añadido en cuanto a que los efectos de las mismas pueden sumarse entre sí o por el contrario enmascararse. Así por ejemplo, los efectos letárgicos de un consumo exagerado de alcohol pueden verse disminuidos por el consumo de cocaína o de anfetaminas, con lo que un individuo puede estar sufriendo graves complicaciones físicas que ni siquiera nota él ni su entorno por la euforia sentida. Así hay casos de muertes súbitas en las primeras horas de la madrugada, por fatiga exagerada, que el individuo no ha percibido debido a los estimulantes.

## INTOXICACIÓN POR MEDICAMENTOS

En la mayoría de los domicilios es posible encontrar un buen número de fármacos destinados al consumo crónico por diferentes patologías o de reserva para su uso ocasional. Si bien en la mayoría de los casos estos productos se conservan de forma adecuada, es decir, guardados con sus cajas y prospectos en un lugar sin acceso para los niños, no dejan de ser un tóxico potencial si se alteran sus indicaciones o sus dosis terapéuticas. Las intoxicaciones por sustancias farmacológicas son muy frecuentes en los países desarrollados tanto de forma accidental como provocada, con ideas de suicidio, siendo esta última circunstancia más frecuente (90% de los casos). Los niños y los ancianos son los grupos de población más expuestos a la ingestión accidental, mientras que los pacientes psiquiátricos, especialmente los que sufren depresión, los que con más frecuencia presentan intentos autolíticos o de suicidio.

Cualquier medicamento lleva en su composición uno o varios principios activos que experimentalmente han demostrado un efecto concreto sobre el organismo. Por tanto, se han establecido unas dosis aceptables para el mismo dentro de un rango terapéutico, o lo que es lo mismo,

Cualquier medicamento que tengamos en casa puede ser una fuente de intoxicación por sobredosis. Deben guardarse siempre lejos del alcance de los niños.

existe un margen de concentraciones en el organismo de esta sustancia dentro del cual ejerce una acción del tipo que sea sin producir daños graves al mismo. Todo fármaco puede producir una toxicidad secundaria a su abuso, por tanto de lo que se trata es de conseguir sustancias en las que el rango terapéutico o útil de las mismas coincida con los límites tolerables del organismo hacia ellas.

Cuando dichas concentraciones no alcanzan el rango terapéutico no estamos obteniendo ningún beneficio de la toma, pero sí estamos expuestos a sus efectos secundarios, puesto que a lo mejor estos últimos no necesitan de tanta dosis para

presentarse. Pero el caso que nos ocupa es el contrario, la sobredosificación de sustancias que superan las concentraciones aconsejables, que producen un cuadro de intoxicación al superar los límites de tolerancia del organismo.

### TRATAMIENTO DE LA SOBREDOSIS POR FÁRMACOS

La gran mayoría de los medicamentos disponibles en el mercado tienen un margen de seguridad suficiente como para que la ingesta desproporcionada de los mismos no tenga consecuencias necesariamente fatales. No obstante, como punto inicial y primordial del tratamiento de este tipo de intoxicaciones, se debe tener en cuenta que cualquier sobredosificación farmacológica, accidental o no, tiene que ser consultada siempre con un profesional, sea cual sea la sustancia y aunque no se manifiesten complicaciones.

De forma general vamos a exponer la actitud a seguir ante la presencia o la sospecha de este tipo de intoxicaciones para después referirnos de forma concreta a las sustancias más comúnmente implicadas. Inicialmente hay que hacer una valoración global de la situación atendiendo a las siguientes circunstancias:

• La interrogación si es posible del afectado: en la mayoría de los casos se reconoce la ingesta abusiva de fármacos después de haberla realizado; se debe buscar un ambiente de confianza y tranquilizador para ello.

• La valoración de los antecedentes en este sentido: el hecho de haber intentado ya un suicidio es un factor predisponente muy importante para realizar más. El hecho de ser un enfermo tratado de cualquier tipo de enfermedad mental también nos hace abundar en esta sospecha.

• La búsqueda de pastillas o cajas vacías en la proximidad del individuo o en la basura, al tiempo que se investiga cuál era el tratamiento habitual que tomaba.

• El cuadro clínico que presenta el individuo: la obnubilación o aletargamiento, el pensamiento inconexo, el sueño irremediable, las molestias gastrointestinales y

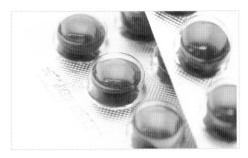

Las medicinas de formas o colores atractivos son más susceptibles de intoxicación por niños.

las náuseas, la respiración lenta y la aparición de manchas en el cuerpo nos pueden orientar hacia una intoxicación por fármacos, sobre todo si no existen antecedentes concretos de enfermedad grave.

## EFECTOS DE LA SOBREDOSIS POR FÁRMACOS

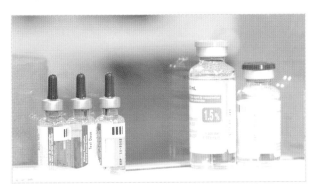

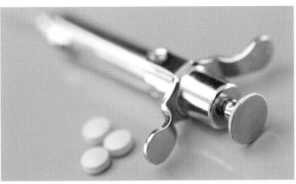

• Se produce la exacerbación de los efectos secundarios que el propio fármaco ya produce a dosis normales.

• Pueden aparecer complicaciones metabólicas como consecuencia del daño directo de los mecanismos naturales de eliminación de esta sustancia, como el sistema hepático o el renal.

• Es posible que se produzca un daño directo sobre cualquier parte del organismo por las concentraciones elevadas de la sustancia en la sangre y en los tejidos al no poder ser eliminada con la suficiente celeridad.

MODO DE ACTUACIÓN ANTE UNA INTOXICACIÓN POR FÁRMACOS

1 Retirar del alcance del individuo cualquier otro fármaco y guardarlos para que con posterioridad sirvan de referencia a la hora de descubrir la sustancia tomada en exceso.

2 Interrogar a las personas cercanas o tratar de comunicar con ellas acerca de la situación general del individuo horas o días antes del suceso.

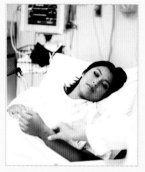

3 Comprobar la respiración y el pulso del afectado; si no se puede apreciar, comenzar con las maniobras de resucitación.

4 Si el paciente está consciente y reconoce la ingesta abusiva, se procede a provocar el vómito introduciendo los dedos o con un objeto de punta roma. La ingesta obligada de agua o de otros líquidos también puede ser útil para provocar el vómito y arrastrar el contenido gástrico. Estas medidas sólo pueden ser útiles si ha transcurrido menos de una hora desde la toma de los fármacos, ya que después el contenido del producto alcanza la sangre y los órganos internos.

5 Si el paciente está adormilado se le debe estimular con el fin de mantenerle despierto y consciente en la medida de lo posible, recordando los síntomas que refiere.

6 Una vez en el medio hospitalario se procede a estabilizar al paciente y a realizar distintas maniobras según sean convenientes, como lavado gástrico, administración de carbón activado para neutralizar la absorción del fármaco, diálisis y administración de antídotos si los hubiere. En cualquier caso, es necesaria la atención médica especializada.

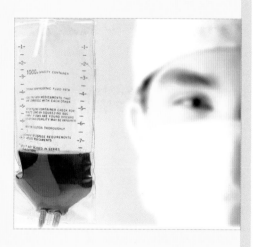

FÁRMACOS MÁS COMUNES ANTE LAS INTOXICACIONES

- SEDANTES O HIPNÓTICOS: como las benzodiacepinas del tipo diacepam, loracepam, alprazolam, bromacepam, cloracepato y similares. Son fármacos empleados normalmente para inducir el sueño o para tratar la ansiedad. Se considera tóxica la ingesta de 10 a 20 veces sobre la dosis normal. El cuadro provocado comienza con una sedación intensa a la media hora de la toma progresando después en una

depresión respiratoria primero y finalmente, de todo el sistema nervioso. Estos fármacos, tomados de forma aislada, suelen responder bien al tratamiento con su antídoto, siempre que no se demore mucho. No suelen provocar la muerte en casi ningún caso, aunque sí revisten gravedad. Las personas acostumbradas al fármaco, que lo usan a diario para dormir, pueden perder el respeto a la dosis recomendada e intoxicarse, pero es más frecuente una sobredosis en pacientes con intento de suicidio.

• PARACETAMOL: se trata de un analgésico muy común empleado en muchas ocasiones en intentos de suicidio, no por su potencia sino por su fácil accesibilidad en cualquier domicilio, ya que es fácil adquirir varios envases sin receta médica. Su toxicidad se manifiesta a partir de la ingesta rápida de unos ocho o 10 gramos, es decir, de unas 15 o 20 pastillas de forma aproximada. El cuadro consiste en dolor abdominal intenso y vómitos, con una afectación hepática hasta 48 horas después que puede ser grave. El pronóstico cuando se trata con su antídoto antes de que pasen ocho horas es generalmente bueno.

• ANTIDEPRESIVOS: son fármacos muy empleados con estos propósitos puesto que forman parte del tratamiento previo del paciente, que ya es de por sí un individuo predispuesto a una intoxicación voluntaria por sus propios problemas psicológicos. La sintomatología que aparece con su abuso consiste en temblores, taquicardia, arritmias y entrada posterior en coma. Los antidepresivos más modernos han minimizado estos efectos hasta hacerlos casi imperceptibles. El tratamiento a tiempo evita la muerte en la mayoría de los casos.

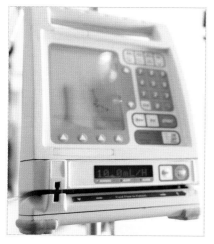

• SALICILATOS: el ácido acetilsalicílico o aspirina es responsable cada vez menos de intoxicaciones de este tipo por su menor uso hoy en día. Además, deben tomarse unas 30 aspirinas de media para que aparezcan vómitos, respiración acelerada, somnolencia y aumento de la temperatura como síntomas más habituales. A dosis muy excesivas como de 50 o 60 aspirinas juntas se produce un cuadro grave de convulsiones y se puede llegar al coma. Al necesitarse tantas pastillas para llegar a la intoxicación, suele ocurrir poco, ya que normalmente no se tiene más de un envase en casa.

# QUEMADURAS

La piel, junto con sus anejos, representa una barrera diferenciadora entre el interior del organismo y el medio ambiente que nos rodea, y como tal, cualquier interrupción en la continuidad de la misma supone un riesgo para la salud. Estas interrupciones pueden deberse en ocasiones a heridas o traumatismos que laceren alguna o todas las capas de la piel o, como nos ocupa en este caso, a agresiones localizadas o generales de éste órgano por medios físicos o químicos que provoquen una alteración de su integridad. Se define por tanto la quemadura como la pérdida de sustancia o descomposición de la superficie corporal como consecuencia del contacto de la misma con un agente externo que supera sus límites de tolerancia. Dentro de esta definición debemos extendernos más en aclarar sus puntos fundamentales. El primero es que una quemadura supone una pérdida parcial o total de la integridad de la

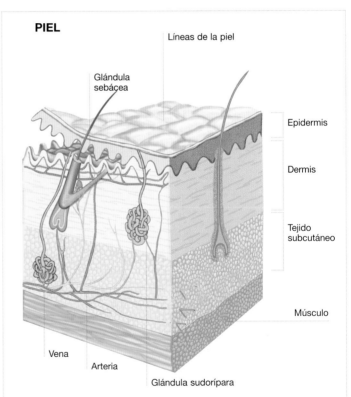

**PIEL**

Líneas de la piel

Glándula sebácea

Epidermis

Dermis

Tejido subcutáneo

Músculo

Vena

Arteria

Glándula sudorípara

La gravedad o levedad de una quemadura tiene que ver con el nivel o capa de la piel a la que llegue a agredir.

piel y por tanto de sus propiedades, pudiendo en casos extremos llegar la agresión hasta estructuras más internas como el músculo, los órganos internos e incluso los huesos. En segundo lugar, si bien asocia- mos quemadura a calor, no siempre es el exceso de temperatura el causante de la misma, sino que existen otros agentes responsables que también pueden inducir la aparición de este tipo de lesión.

## TIPOS DE QUEMADURAS

• QUEMADURAS TÉRMICAS: producidas por elevaciones o descensos de la temperatura ambiente, o bien por contacto de la superficie de la piel con un objeto que le trasmite precisamente frío o calor durante el suficiente tiempo como para desequilibrar su estado natural. Igualmente pueden transmitirse mediante convección de chorros de aire a temperaturas extremas sin que medie un contacto físico directo. Se trata del tipo más frecuente de quemaduras accidentales, siendo en la mitad de los casos el fuego el responsable de las mismas y, en menor porcentaje, otras causas, como la escaldadura con líquidos calientes que se caen o la congelación de las extremidades. Debemos tener siempre en cuenta que una quemadura no sólo se produce por calor, sino que es igual de frecuente que surja por temperaturas extremas de frío.

• QUEMADURAS POR RADIACIÓN: se incluyen principalmente en este apartado todas aquellas lesiones de la piel secundarias a un exceso de radiación solar sobre la misma, es decir, las típicas quemaduras debidas a una exposición exagerada al sol o a un viento excesivamente cálido de forma prolongada, muy propias de periodos vacacionales estivales en la playa o invernales, en las estaciones de esquí y entre los montañeros. Son por tanto mayoritariamente evitables, si bien cualquier piel que no sea negra tiene un límite de absorción de luz solar aunque se use protección, por lo que en situaciones extremas las quemaduras son inevitables. No obstante siempre se deben utilizar cremas con un factor de protección solar adecuado al tipo de piel. Además de producir un envejecimiento de la piel, las lesiones de la misma por un exceso de sol suponen un factor de riesgo a medio

## Modo de actuación ante una tormenta eléctrica

1 Si estamos en casa, cerraremos las ventanas y apagaremos todos los aparatos que estén conectados con la red eléctrica y para mayor seguridad, los desenchufaremos. Especialmente, hay que evitar la televisión, el ordenador y el teléfono. Si necesitamos información meteorológica lo haremos a través de una radio que funcione por pilas. Es importante tener instalado un pararrayos.

2 Si la tormenta nos sorprende en la calle, buscaremos protección en tiendas o casas y si eso no fuera posible (por ejemplo, de noche), nos ampararemos situándonos contra los muros de los edificios que tengan pararrayos.

3 Si estamos en el campo, buscaremos las zonas más bajas, lejos de montes y colinas y, especialmente, lejos de los árboles, sobre todo si están apartados o solitarios. Nos alejaremos de las vallas metálicas y nos desembarazaremos de cualquier objeto también metálico que podamos llevar encima. Es más seguro permanecer seco y no sentarse sobre zonas húmedas.

4 En caso de tormenta, hay lugares especialmente peligrosos, como permanecer en campo abierto o en lugares como pistas de tenis, piscinas (nunca debemos bañarnos en ellas ni en el mar durante una tormenta) o campos de golf. Se deben evitar también las zonas con cables o alambradas y las vías de tren.

y largo plazo para el desarrollo de tumores cancerígenos malignos y otras enfermedades de la piel. De forma mucho menos frecuente se producen también quemaduras por radiaciones de tipo ionizante, generalmente en el ámbito laboral, relacionadas con escapes de radiación nuclear en instalaciones o transportes que emplean esta energía, por lo que los trabajadores de este sector han de tomar todo tipo de precauciones y no bajar nunca la guardia por mucha experiencia que se tenga.

• Qᴜᴇᴍᴀᴅᴜʀᴀs ᴘᴏʀ sᴜsᴛᴀɴᴄɪᴀs ǫᴜíᴍɪᴄᴀs: el contacto directo de la piel tanto con ácidos como con álcalis o bases puede desembocar en una quemadura por alteración del equilibrio de aquella y su posterior descomposición. Pueden llegar a ser extremadamente peligrosas por su forma de presentarse, ya que no siempre es evidente desde el inicio la magnitud de la lesión, pudiendo progresar a formas cada vez más graves a medida que el producto químico va extendiéndose y profundizando en su acción. Aunque este tipo de quemaduras suelen ser más frecuentes en el ámbito laboral, debemos recordar que en el domiciliario existen almacenadas este tipo de sustancias y que por tanto representan una fuente de peligro potencial, sobre todo para los niños. Lo más recomendable es mantener todo tipo de productos abrasivos lejos de su alcance, del mismo modo que se hace con las medicinas y con cualquier veneno doméstico.

• Qᴜᴇᴍᴀᴅᴜʀᴀs ᴇʟéᴄᴛʀɪᴄᴀs: la corriente eléctrica, o flujo de electrones a través de un medio conductor, produce lesiones en el ser humano cuando supera unos límites mínimos de tolerancia. La fuente de energía puede ser natural, como un rayo de tormenta, industrial (la más frecuente y peligrosa) o domiciliaria, a través de enchufes y cables de la red eléctrica que abastece el hogar. Para valorar el peligro de la exposición a una corriente eléctrica debemos atender a dos de sus características como son el voltaje y el amperaje. Los rayos pueden llegar a transmitir hasta billones de voltios en

pocos segundos, mientras que en las corrientes industriales no se suelen superar el centenar de miles de voltios y finalmente la doméstica se sitúa en unos 200. El voltaje es responsable de lesiones internas en el organismo, especialmente por un descontrol de los sistemas eléctricos del mismo que incluye espasmos musculares, convulsiones y afectación cardiaca, normalmente de pronóstico fatal. En estos casos, circunstancias como el aislamiento del circuito, la dirección tomada por la corriente y las condiciones del individuo (incluyendo la propia suerte) determinan la gravedad del cuadro. Pero en el caso que nos ocupa, es decir, las quemaduras, no es el voltaje sino el amperaje, o lo que es lo mismo, la intensidad de la corriente, la responsable de las mismas. En la medida en la que los tejidos del cuerpo ofrecen resistencia al paso de la corriente se genera calor en el mismo. Este calor, que puede alcanzar los 5.000 grados centígrados en pocos segundos, produce una quemadura en el trayecto de la corriente que puede cebarse más sobre ciertas estructuras teniendo en cuenta la mencionada resistencia del mismo. La quemadura por energía eléctrica puede pasar desapercibida externamente, pero ser extremadamente grave en un punto interno, si bien la lesión en el punto de entrada y de salida de la corriente suele ser constante. Conviene recordar que pequeñas corrientes de sólo 50 voltios y cinco o seis amperios pueden producir la muerte si se acompañan de circunstancias tales como humedad o contacto prolongado.

## CLASIFICACIÓN DE LAS QUEMADURAS

Sea cual sea el origen de la quemadura, el efecto sobre la piel y los tejidos subyacentes es siempre el mismo: un exceso de calor que desnaturaliza los tejidos, especialmente las proteínas que les sirven de sostén, y una evaporación inmediata de los líquidos tisulares y la consecuente deshidratación. Por tanto, de forma general, podemos decir que una quemadura produce tres tipos de complicaciones:

• La de la propia lesión en sí misma, es decir, la pérdida de continuidad en la piel por desaparición de tejido que se ha quemado dejando una puerta abierta a las infecciones. Hablaríamos entonces de quemaduras superficiales.

• La afectación directa de órganos vitales internos que pueden perder parte de su anatomía y deteriorarse así su funcionamiento. Estaríamos hablando en este caso de quemaduras internas.

• La deshidratación del organismo por la pérdida brusca de líquido que tendría una repercusión más generalizada sobre el delicado equilibrio de agua y sales minerales indispensable para la vida. Serían por tanto quemaduras sistémicas, en las que todo el organismo se afecta, pese a que la lesión se localice sólo en ciertos puntos.

Para valorar la gravedad de una quemadura se deben atender a dos cuestiones fundamentales como son la extensión y la profundidad de la misma:

• La extensión de una quemadura es un factor pronóstico fundamental, puesto que permite medir la repercusión real que va a tener la lesión sobre el organismo. Así, a mayor superficie afectada, mayor riesgo de exposición a infecciones potencialmente graves, al mismo tiempo que se ofrece una ventana más amplia para que se evapore el agua. Es importante saber que tras una quemadura intensa, la temperatura de las zonas afectadas se mantiene elevada durante mucho tiempo,

## GRADOS DE QUEMADURAS SEGÚN SU PROFUNDIDAD

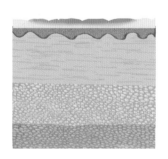

• QUEMADURAS DE PRIMER GRADO: son aquellas que afectan únicamente a la capa externa de la piel o epidermis. Se manifiestan en forma de eritema o enrojecimiento de la misma sin acompañarse de edema. La lesión no forma ampollas, pero sí resulta muy dolorosa. Cura de forma espontánea al cabo de una semana sin cicatrices residuales, pudiendo persistir una zona más pigmentada coincidiendo con la quemadura durante algún tiempo, aunque finalmente termina por desaparecer.

• Q<small>UEMADURAS DE SEGUNDO GRADO</small>: son aquellas en las que se afecta siempre la dermis o capa interna de la piel, pudiendo alcanzar diversas formas de gravedad según sea la penetración parcial o total de esta capa. El aspecto de la lesión varía desde un enrojecimiento e inflamación de la piel hasta la formación de flictenas pálidas (ampollas que contienen líquido) que desembocan en una escara o costra gruesa que puede tardar más de un mes en curar. Son de peor pronóstico aquéllas que afectan al tercio más interno de la dermis, ya que pueden destruir las glándulas sebáceas y el pelo, dejando con probabilidad cicatrices severas durante su curación que durarán en muchos casos toda la vida. La sensibilidad y el dolor a la palpación son síntomas aún más intensos que en la forma anterior más leve.

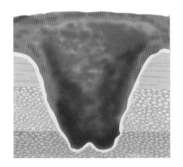

• Q<small>UEMADURAS DE TERCER GRADO</small>: se caracterizan por la destrucción de la piel en todo su espesor, incluyendo los anejos de la misma e incluso llegando a interesar a tejidos subyacentes. De forma característica, se produce una escara seca que se torna de blanquecina a negra y que se acompaña de una trombosis venosa visible a través de la piel. El tejido muerto o necrótico adquiere un color negruzco y pierde la sensibilidad, permaneciendo un dolor en la zona circundante donde la quemadura ha sido de menor grado, pero no donde existe mayor gravedad. La cicatriz residual está siempre presente, pudiendo adoptar un aspecto irregular o hipertrófico muy antiestético denominado queloide. Estas cicatrices son muy rebeldes a cualquier tratamiento y, aunque si no ha pasado mucho tiempo, podrían mejorar con la aplicación de aceite de rosa mosqueta, en general no suelen desaparecer, salvo con cirugía estética.

• Algunas clasificaciones incluyen Q<small>UEMADURAS DE CUARTO Y QUINTO GRADO</small> para referirse a aquéllas que penetran más allá de la dermis, alcanzando las fascias que envuelven a los músculos, a éstos mismos e incluso hasta el propio hueso. Ante un cuadro de esta gravedad, muchos se refieren a carbonización y no a quemadura. Su tratamiento incluye siempre un injerto de piel, puesto que el tejido se destruye por completo y no puede ser curado.

El pronóstico de una quemadura es peor en el caso de los niños y los ancianos.

La gravedad de una quemadura es muy variable, puesto que son muchos los condicionantes que actúan en cada situación y que permiten establecer un pronóstico. De forma general podemos decir que la extensión de una quemadura es el primer criterio a valorar, puesto que cuando se afecta más del 30% de la superficie corporal se califica como grave independientemente de la profundidad de la misma, bastando un 10% si son de segundo grado profundas o de tercer grado. En otras palabras, es peor una quemadura extensa aunque no grave que una muy profunda pero localizada en un área pequeña. Las manos, los pies, la cara y los genitales son regiones especialmente delicadas, así como en general los pliegues de la piel. Por otro lado, las quemaduras eléctricas y químicas también se acompañan normalmente de un peor pronóstico. Los niños y los ancianos son los grupos de edad más sensibles a este tipo de lesiones, especialmente si padecen enfermedades cardiovasculares asociadas.

es decir, que el daño sigue extendiéndose con posterioridad al contacto inicial. Para calcular el porcentaje de superficie corporal que se ha quemado podemos recurrir de forma sencilla a la regla de la palma de la mano, sabiendo que la superficie de ésta equivale de forma aproximada al 1% del total del cuerpo.

Un grupo especial de precaución son los enfermos diabéticos que, como consecuencia del avance de su enfermedad, tienen afectada la sensibilidad de las extremidades. En ellos, debido a la ausencia de dolor por adormecimiento de las terminaciones nerviosas de la piel, puede pasar desapercibido el contacto con una superficie caliente, produciéndose una quemadura sin que el indi-

viduo sea consciente de ello. Aunque esta quemadura tampoco produzca dolor no está exenta de las complicaciones que habitualmente acarrean.

TRATAMIENTO DE LAS QUEMADURAS

Como ante cualquier patología que pueda presentarse, la prevención es el tratamiento más eficaz que existe y en el caso de que nos ocupa adquiere una especial importancia. En el domicilio es especialmente recomendable la protección de los niños. Se

La cocina es el lugar donde mayores accidentes domésticos por quemaduras se producen.

debe por tanto tener precaución con los productos de limpieza, que deben estar fuera de su alcance, con los enchufes y aparatos eléctricos. En cuanto a la cocina, deben emplearse guantes y paños siempre con los objetos calientes o congelados. En el ámbito laboral deben seguirse siempre a rajatabla las medidas de seguridad establecidas para cada puesto concreto, tanto en relación con el fuego como con la electricidad, para evitar accidentes laborales en

muchos casos mortales. Una vez producida la quemadura, sea del tipo que sea, debemos solicitar ayuda para proceder con las medidas iniciales tan pronto como nos sea - posible.

Vamos a proceder a explicar cuáles son las actuaciones básicas que deben realizarse ante una quemadura según su gravedad, teniendo siempre en cuenta que no se debe excluir la valoración por el personal sanitario oportuno cuando sea posible, especialmente en niños o en individuos con enfermedades concomitantes que les proporcionen un mayor riesgo.

## Quemaduras leves

Las quemaduras de primer grado que afecten a una región corporal poco extensa pueden ser tratadas inicialmente en el

## ✚ MODOS DE ACTUACIÓN ANTE QUEMADURAS LEVES

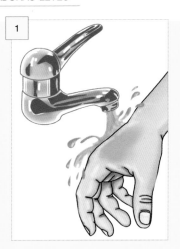

1 Enfriamiento de la parte quemada tan pronto como sea posible mediante agua fría con el objetivo de disminuir la temperatura de forma rápida y evitar el avance de la lesión por calor, que como sabemos se mantiene durante mucho tiempo después al contacto con el agente causante.

Retirada de la ropa o de cualquier cuerpo extraño que pudiera seguir en contacto con la lesión empapándolos en agua antes de ser tocados. Si se demora mucho esta actuación y la ropa se pega a la piel quemada debe esperarse a que lo realice un profesional.

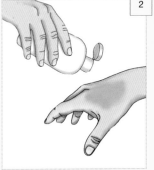

2 Lavado de la herida con suero fisiológico a chorro o, en su defecto con agua fría potable. Las medidas caseras como la pasta de dientes no son recomendadas, puesto que si bien pueden prevenir la aparición de ampollas, producen más irritación sobre la piel quemada y favorecen su destrucción.

3 Desinfección con un líquido antiséptico como si de cualquier herida se tratara, a poder ser diluido y evitando presionar la zona afecta. El antiséptico ideal podría ser la clorhexidina rebajada, aunque lo que encontraremos con más facilidad en un domicilio será el agua oxigenada, la merbromina (mercromina) o la povidona yodada. En caso de no disponer de un antiséptico a mano, se puede simplemente lavar la herida con agua y jabón de forma cuidadosa.

4 Aplicación de cremas especiales para quemaduras, que deberían encontrarse en cualquier botiquín, de forma generosa sobre la superficie quemada. Las más empleadas son las que combinan sustancias como corticoides de baja potencia, bálsamo del Perú, cera de abeja y otros protectores.

5 Cubrimiento de la herida una vez limpia y desinfectada; la forma ideal sería mediante apósitos especiales para quemaduras que aportan sustancias regenerativas a la piel. Si no se poseen más que gasas estériles, se pueden utilizar perfectamente sobre la herida bien solas o mejor aún cubriendo una capa de alguna de las cremas mencionadas en el punto anterior. Si tampoco disponemos de gasas, se debe buscar un trozo de tela lo más limpio posible para cubrir la herida pero nunca comprimiéndola. Si es posible, debe mantenerse en alto la zona afectada mediante un cabestrillo para evitar la inflamación y el edema en la medida de lo posible.

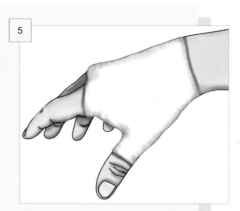

5

6 Revisión de la herida cada dos o tres días o antes si la primera cura de emergencia no ha contado con todos los medios deseables. Las heridas deben mantenerse siempre limpias y secas. En cuanto a las ampollas que se forman característicamente sobre una quemadura existen aún hoy en día dudas sobre el procedimiento a seguir; aunque tradicionalmente se recomendaba que no se tocaran, parece ser más beneficioso que se descubran y se elimine el líquido contenido, especialmente si éste tiene un aspecto turbio, así como si están parcialmente rotas, se sitúan en superficies articulares o persisten varias semanas sin haberse reabsorbido espontáneamente. En el resto de casos o ante la duda, lo más recomendable es esperar a que se rompan por sí solas recortando los bordes rotos con un bisturí cuando esto se produzca. En cualquier caso, la rotura y eliminación del líquido debería realizarlo un profesional de la medicina.

7 Como en toda herida que afecte a la piel existe un riesgo de infección por tétanos o difteria, por lo que el individuo que no está vacunado frente a las mismas deberá hacerlo tan pronto como sea posible. La vacuna empleada en la actualidad cubre ambas enfermedades al mismo tiempo aunque comúnmente se la denomine sólo como antitetánica.

8 Junto con estas medidas básicas pueden administrarse analgésicos del tipo del paracetamol y antiinflamatorios desde el primer momento con el objetivo de paliar las molestias durante los primeros días y de evitar el dolor, ya que las quemaduras son especialmente incómodas, incluso aunque no se tenga una demasiado grave.

**MODOS DE ACTUACIÓN ANTE QUEMADURAS MODERADAS Y GRAVES**

1 Alejar a la víctima del lugar del accidente o más concretamente en este caso de la fuente de calor que ha originado la quemadura. Comprobar que en su nueva ubicación no corren peligro de nuevos accidentes ni la víctima ni los que la socorren.

2 Apagar las posibles llamas aún presentes en las ropas, a ser posible cubriéndole con una manta o cualquier tela fuerte que no arda con facilidad.

1 y 2

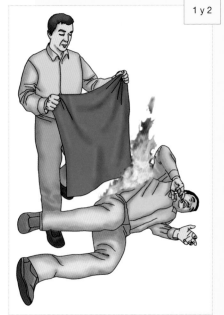

3

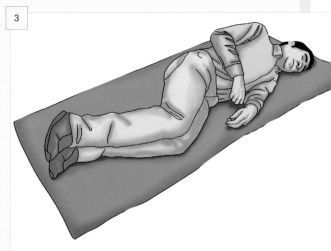

3 Colocar a la víctima sobre una superficie plana y dura protegida del suelo con una sábana. La posición ideal sería aquella en la que la mayor parte de la superficie quemada no quede comprimida por el propio cuerpo.

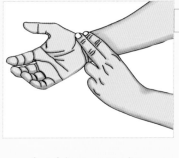

5

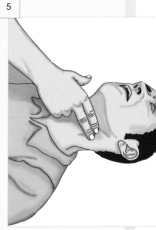

4 Solicitar ayuda tanto a las personas más próximas como a los servicios de emergencia, tratando de explicar de forma concisa el número de heridos y las características de sus lesiones.

5 Comprobar el estado de la víctima, es decir, si está consciente y si no es así, si respira y si mantiene pulso. De no tenerlo debe comenzarse con las maniobras de resucitación cardiopulmonar antes de realizar cualquier otra acción.

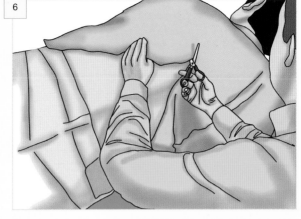

6 Quitar la ropa con cuidado, ya que retiene el calor y sigue provocando quemadura; si se observa dificultad para hacerlo se debe mojar y cortar con unas tijeras, separándola poco a poco. Lo más idóneo es que si la ropa está ya pegada a la piel, se deje esta operación al personal médico.

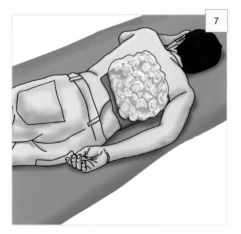

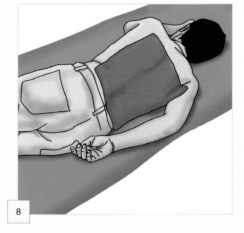

7 Lavar las heridas con suero o en su defecto con agua fresca para retirar los cuerpos extraños y la suciedad adherida. Puede aplicarse hielo o compresas frías sobre las lesiones para disminuir el daño que el calor sigue produciendo sobre los tejidos.

8 Cubrir las lesiones con un paño limpio y mantener abrigada a la víctima tratando de mantener elevadas las zonas dañadas para tratar de evitar la formación de edema.

9 Si se dispone casualmente de material y conocimientos suficientes o se puede encontrar en las proximidades, debe proporcionarse oxígeno en mascarilla y tomarse una vía venosa para la administración de líquidos.

Los gérmenes pueden extenderse con facilidad a través de una quemadura provocando una infección grave.

domicilio o en el lugar donde se hayan producido hasta que puedan ser valoradas por un profesional con posterioridad.

## Quemaduras moderadas o graves

Aquellas quemaduras de segundo o tercer grado que alcanzan una extensión superior al 10 o 15% de la superficie corporal pueden ser consideradas como moderadas o graves. En estos casos, la lesión pasa de ser un accidente que resulta molesto o doloroso a un riesgo vital para el individuo si no se toman las medidas adecuadas en el momento oportuno.

Un individuo que sufre una quemadura grave puede sufrir al mismo tiempo otras lesiones externas o internas que compliquen aún más el cuadro clínico. Así, por ejemplo, en un incendio es frecuente que los afectados presenten, además de quemaduras, un transtorno por inhalación de humos, mientras que un accidentado puede sufrir también diversos traumatismos. En ocasiones, las quemaduras se acompañan de shock, convulsiones o incluso parada cardiorrespiratoria, no siempre presentes desde el momento inicial en el que se atiende al afectado, por lo que hay que estar alerta. Con todo esto, queremos decir que una quemadura puede ser sólo un síntoma más de un cuadro grave que precisa actuación urgente, y que como tal, debe ser derivado al medio hospitalario o especializado tan pronto como sea posible.

Mientras que esa actuación especializada llega, puede ser necesario que tengamos que atender a un paciente quemado y proporcionarle en la medida de lo posible una serie de auxilios básicos que pueden salvarle la vida (véanse los cuadros de la página anterior).

Una vez en el medio hospitalario se instaurarán las medidas de soporte vital para el mantenimiento de las constantes vitales de la víctima, teniendo en este caso especial precaución con la reposición de líquidos, la prevención de infecciones y la analgesia para calmar el dolor. Las quemaduras graves requieren en la mayoría de las ocasiones de un desbridamiento o retirada quirúrgica del tejido muerto con el fin de favorecer su curación de forma natural. En este sentido, y cuando la pérdida de sustancia es muy importante, son necesarios injertos procedentes de otras regiones dérmicas del individuo para tapar la herida resultante. Se suele emplear el injerto de piel que proviene del propio paciente, porque es mucho más probable que no haya rechazo y estéticamente da mejores resultados, ya que existe poca diferencia con el resto de la piel sana. Para hacer un autoinjerto de piel, se suele extraer una pequeña superficie de piel del paciente y después se desarrolla un cultivo donde la piel crece hasta alcanzar el tamaño necesario, después se coloca sobre la quemadura, donde ejerce de barrera protectora ante las infecciones y con el tiempo, se va sustituyendo por la piel verdadera.

Las quemaduras graves siempre se acompañan de quemaduras de menor grado en la zona circundante que requerirán un tratamiento normal como el descrito para las quemaduras leves.

Las complicaciones que pueden surgir como consecuencia de una gran quemadura pueden localizarse localmente en la región

El agua es un bien necesario para la vida que puede perderse ante quemaduras graves.

**MODO DE ACTUACIÓN ANTE QUEMADURAS DE AGENTES QUÍMICOS**

1 Mojar de forma inmediata con agua la región quemada retirando la ropa tan pronto como sea factible sin dañar la piel.

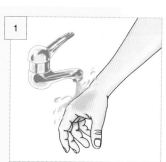

2 Si se trata de una quemadura por ácido, lavar la herida con agua de cal o bicarbonato durante al menos 30 minutos. En su defecto, puede emplearse suero fisiológico, aunque su efectividad como neutralizador es mucho menor.

3 Si se trata de una quemadura por álcalis o bases la herida debe lavarse con agua azucarada o vinagre durante una hora como mínimo.

4 En el caso de que el agente causante de la quemadura sea un aerosol adherido a la piel o en forma de polvo, debe realizarse un cepillado cuidadoso de la zona concreta antes de mojar la misma.

afectada o manifestarse de forma generalizada o sistémica en todo el organismo poniendo en riesgo el equilibrio del mismo. Las principales son:

• Infecciones: a través de la herida abierta pueden penetrar con facilidad gérmenes que colonicen el interior de la misma, especialmente bacterias como estafilococos y estreptococos. Además de complicar y prolongar el periodo de cicatrización de las quemaduras, estos gérmenes pueden producir un cuadro de sepsis o infección generalizada potencialmente letal.

• Deshidratación: a mayor extensión de la quemadura, mayor pérdida de líquidos corporales y por tanto mayor riesgo de deshidratación. A partir de un 20% de superficie corporal quemada, se puede ver afectado el equilibrio de agua y sales minerales desembocando finalmente el cuadro en una insuficiencia hemodinámica por la reducción del volumen de sangre circulante. Esto conlleva la aparición de un estado de shock por mala perfusión o riego sanguíneo de los principales órganos vitales que puede ser fatal.

## Quemaduras por agentes químicos

En aquellos casos en los que la lesión es producida por el contacto directo de la piel con una sustancia química especialmente ácida o básica, hay que aplicar todas las medidas generales anteriormente expuestas y explicadas gráficamente en el cuadro de la página anterior. Cuando las quemaduras

Existen protectores para los enchufes que bloquean e impiden el acceso de los dedos de los niños a la corriente eléctrica.

se producen en los ojos, nariz o boca, lo mejor es lavar bien con agua y pedir ayuda médica. Es importante insistir en la prevención: tanto en el hogar como en el trabajo, jamás se deben manipular agentes químicos sin las convenientes medidas de protección, como gafas y guantes de seguridad.

## Quemaduras por electricidad

Una característica peculiar de las quemaduras por corriente eléctrica es que aparentemente pueden presentar una lesión leve de pequeño tamaño, coincidiendo con el punto de entrada de la misma, aunque como ya hemos comentado, en el interior del organismo puede haberse producido un daño mucho mayor. Por ello es fundamental no restarle importancia ni banalizar la erosión y acudir cuanto antes a un centro hospitalario para efectuar la correspondiente revisión médica.

MODOS DE ACTUACIÓN ANTE QUEMADURAS POR ELECTRICIDAD

1 Apartar a la víctima de la corriente eléctrica. Para ello hay que asegurarse antes de que el flujo de corriente está cortado o, si no puede hacerse, es recomendable tocar con un objeto a la víctima de forma rápida para no quedar atrapados también por la corriente y comprobar así si aún está bajo su influjo.

2 Si hay parada cardiorrespiratoria, lo que no es infrecuente, debe procederse a la reanimación inmediata, según se explica en los anexos de este manual, manteniendo ésta más tiempo de lo normal, puesto que la musculatura respiratoria puede estar afectada dificultando aún más la respiración del individuo.

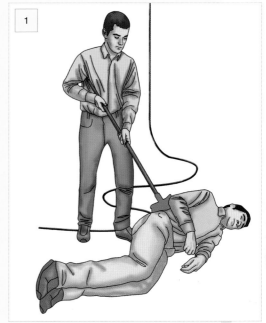

1

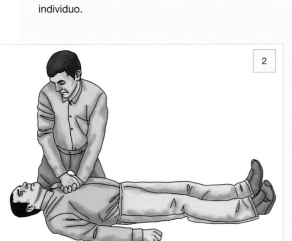

2

3 Cualquier tipo de descarga eléctrica debe ser valorada hospitalariamente, sea cual sea el grado de quemadura producida o aunque no se haya perdido la conciencia. Esto se debe a que las complicaciones en este tipo de accidentes pueden aparecer hasta 24-48 horas después del mismo. En este sentido conviene saber que la mortalidad en estos enfermos se sitúa entre el 5 y el 10% de los casos aunque hayan llegado perfectamente conscientes al hospital y no presenten grandes quemaduras. Junto con la afectación cardiorrespiratoria, una descarga eléctrica puede acompañarse en un primer momento de aturdimiento, obnubilación y fuerte dolor de cabeza. A largo plazo, es muy frecuente la formación de cataratas oculares que requieran intervención quirúrgica, por lo que la revisión hospitalaria se hace obligatoria.

# AHOGAMIENTO

## y atragantamiento

El ser humano posee un sencillo aparato respiratorio compuesto por dos partes fundamentales:
• Las vías respiratorias o conductos a través de los cuales se transporta el aire desde el exterior hasta los pulmones.

• Los pulmones u órganos respiratorios propiamente dichos, en cuyos alvéolos se produce el intercambio de oxígeno entre el aire inspirado y la hemoglobina de la sangre, devolviendo al exterior el dióxido de carbono residual.

## CONDICIONES PARA EL PROCESO RESPIRATORIO

• Una concentración adecuada y proporcional de los gases que forman la atmósfera que respiramos. Un descenso en el porcentaje del oxígeno o un aumento de otros gases nocivos como el monóxido del carbono pueden impedir un correcto intercambio gaseoso y por tanto la respiración.

• Un funcionamiento adecuado de todo el mecanismo fisiológico de la respiración, desde el control central de la misma en el bulbo raquídeo hasta la musculatura torácica que mueve de forma acompasada el tórax durante las distintas fases de este proceso.

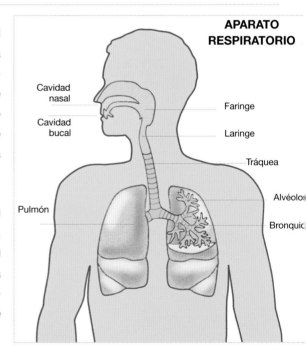

**APARATO RESPIRATORIO**

Cavidad nasal

Cavidad bucal

Pulmón

Faringe

Laringe

Tráquea

Alvéolos

Bronquio

• Una integridad pulmonar suficiente, es decir, un grado de efectividad en el funcionamiento de estos órganos que permita, aunque sea de forma mínima, la realización de su labor.

• Una vía aérea permeable, es decir, abierta en su totalidad al paso del aire en ambos sentidos, tanto en sus partes externas más anchas, como la boca, la nariz y la tráquea, como en las más internas y angostas, como los bronquios y los bronquiolos.

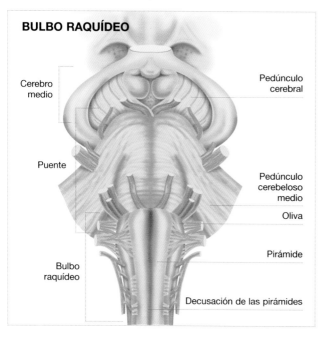

**BULBO RAQUÍDEO**

Cerebro medio

Puente

Bulbo raquídeo

Pedúnculo cerebral

Pedúnculo cerebeloso medio

Oliva

Pirámide

Decusación de las pirámides

El control de la respiración se origina en el bulbo raquídeo y es algo mecánico.

ría de las combustiones químicas, la presencia de oxígeno es imprescindible para su correcta realización, y de ahí que todos los seres vivos necesiten de una manera u otra adquirir este elemento del entorno que les rodea. Respiramos, por lo tanto, para adquirir el oxígeno que necesitamos para las reacciones químicas de nuestro metabolismo y para desprendernos del dióxido de carbono resultante de las mismas. Cuando el organismo se ve sometido a un déficit respiratorio, la sangre se empobrece en cuanto al contenido de oxígeno que transporta y los diferentes tejidos comienzan a sufrir un deterioro de su funcionamiento. Nos referimos concretamente a la hipoxia tisular, que se denomina anoxia cuando la llegada de oxígeno es finalmente nula. Los tejidos del cuerpo humano, y los órganos que forman, tienen un límite de tolerancia a la hipoxia más o menos grande según su importancia vital, que se mide indirectamente por su vascularización. De todos ellos, el que más nos importa es el

Independientemente de cuál sea la causa que desencadene una alteración en el mecanismo respiratorio, el resultado final siempre es el mismo: la hipoxia tisular. Las células que forman nuestro organismo necesitan quemar glucosa continuamente para realizar sus funciones vitales y para mantener su estructura. Como en la mayo-

No se debe infravalorar nunca una dificultad respiratoria, ya que podría desembocar en problemas médicos mucho más graves.

neuronas comienzan poco a poco a morir y se produce un daño cerebral irreversible. Rara vez se mantiene el cerebro con vida más allá de los ocho minutos sin aporte de oxígeno, y si lo hace es con graves secuelas de por vida. A partir de este momento la actividad cerebral desaparece, e independientemente de otras consideraciones éticas o legales, se puede decir que la persona ha muerto, aunque mantenga otros ritmos vitales aún activos.

Contra cualquiera de las cuatro condiciones imprescindibles antes expuestas pueden atentar diversas circunstancias tanto accidentales como puramente patológicas que desemboquen en una dificultad respiratoria primero y en complicaciones mayores después, que pueden llevar a la muerte. Así, por ejemplo, según la primera condición, un aire excesivamente viciado o enrarecido se torna irrespirable de forma progresiva hasta que la hemoglobina no es capaz de extraer el suficiente oxígeno o se satura de un gas nocivo. Atendiendo a la segunda, otra situación sería un traumatismo o golpe sobre la nuca que lesione el bulbo raquídeo y corte la señal nerviosa que controla nuestra respiración. Para terminar, una pérdida de la función pulmonar, bien por un accidente o intervención qui-

tejido nervioso, puesto que el cerebro es y contiene todo lo que somos y su muerte representa siempre en último caso la muerte de la persona.

Es por tanto la hipoxia cerebral el principal riesgo que se debe valorar ante una dificultad respiratoria sea del tipo que sea y, al mismo tiempo, su más grave consecuencia. A los pocos segundos de producirse un descenso en la oxigenación del cerebro se sucede una pérdida de conciencia, al mismo tiempo que comienzan otros mecanismos defensivos del sistema nervioso, consistentes en reducir drásticamente el aporte sanguíneo hacia órganos que no sean vitales. Cuando la hipoxia cerebral se prolonga más de cuatro o cinco minutos, las rúrgica, o bien por una enfermedad pulmonar como el enfisema o la bronquitis crónica, suponen una pérdida anatómica real de la capacidad pulmonar y por tanto de la capacidad de respirar. En este capítulo nos referiremos a las situaciones accidentales que afectan al cuarto condicionante, o lo que es lo mismo, a aquellas situaciones en las que la vía aérea se interrumpe en alguno de sus puntos y bloquea por eso el paso del aire. Concretamente nos referiremos a la obstrucción respiratoria debida al agua o ahogamiento y ciertos cuerpos extraños o atragantamiento. Además mencionaremos dos situaciones especiales y accidentales, como son la introducción de objetos por la nariz y el enclavamiento de espinas en la garganta, ambas situaciones de angustia que sin embargo resultan más aparatosas que complicadas.

## AHOGAMIENTO

Se denomina ahogamiento a la asfixia que se produce como consecuencia de la entrada de agua por las vías respiratorias de forma accidental. Si bien en la mayoría de los casos los sujetos que se encuentran en una situación de inmersión excesivamente prolongada, suelen acabar por aspirar agua de forma irremediable y entonces se desencadena todo el cuadro, en un pequeño porcentaje, la asfixia también se produce por contención del aliento, es decir, por un espasmo de la vía respiratoria o cierre de la glotis que desemboca igualmente en la

muerte por ahogamiento si se mantiene el tiempo suficiente.

El ahogamiento normalmente supone un hecho dramático dentro de unas circunstancias difíciles de aclarar. Esto se debe a que rara vez el hecho de no saber nadar es el culpable de este tipo de muer-

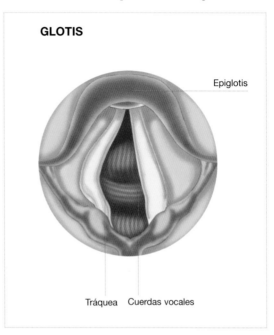

**GLOTIS**

Epiglotis

Tráquea    Cuerdas vocales

El cierre continuado de la glotis puede provocar la muerte por ahogamiento.

tes, sino que más bien suelen incurrir otros factores como desencadenantes:

• Síncopes o pérdidas de conciencia dentro del agua, en ocasiones secundarios a los llamados cortes de digestión, por contraste de calor externo con aguas muy frías, lo que se denomina hidrocución.

• Patologías cardiovasculares, especialmente infartos, que imposibilitan al afectado para nadar o solicitar ayuda.

• Traumatismos contra rocas o contra otros objetos por efecto de la corriente o por falta de visibilidad.

• Congelamiento por estancia excesiva dentro del agua.

• Causas criminales.

Alrededor de 200.000 personas mueren al año por ahogamiento y hasta 50 veces más sufren un episodio de este tipo que no llega a ser mortal; casi la mitad de todos estos episodios suceden en niños. Se denomina semiahogamiento a aquellas situaciones en las que la persona es rescatada de un proceso de ahogamiento antes de que lleguen complicaciones fatales, si bien éste tendrá diferentes grados de importancia según el momento en el que llegue dicho rescate y, por supuesto, puede dejar secuelas si se demora.

Sea cual fuere la causa que originó el ahogamiento, es importante explicar el mecanismo que acompaña al mismo. Cuando se traga agua en estas circunstancias, lo que se produce en un 90% de los ahogamientos como antes adelantábamos, es uno de estos dos cuadros diferentes, dependiendo de que se trate de agua dulce o salada:

Los niños son las víctimas más habituales de los ahogamientos accidentales.

## PROCESO DE LA MUERTE POR AHOGAMIENTO

• Pánico ante la situación de riesgo de la vida con lucha desesperada y generalmente no muy eficaz contra el agua y respiración acelerada.

• Apnea o parada voluntaria de la respiración para evitar el tragar agua.

• Deglución inevitable de agua que puede ser vomitada de inmediato.

• Aspiración de agua, que normalmente se sitúa en torno a los dos litros de media.

• Pérdida de conciencia y muerte.

• El agua salada tiene una concentración de sales u osmolaridad mucho mayor que la del plasma sanguíneo, por lo que al penetrar aquella hasta los alvéolos pulmonares provoca que pase agua a los mismos procedente de la sangre, simplemente por mecanismos de compensación osmóticos. Esto provoca que disminuya el volumen total de sangre circulante y que se concentren más las sustancias y las células que transporta.

• El agua dulce por el contrario es hipoosmótica, es decir, tiene una concentración de sales menor que la sangre, por lo que el efecto es también el contrario. Así, esta agua se absorbe con facilidad por la sangre, pasa al torrente circulatorio y se distribuye con mucha facilidad por todos los tejidos.

En ambos casos se va a producir un edema pulmonar y una alteración de los alvéolos pulmonares que les imposibilita para realizar una correcta función de intercambio de gases. Junto a ello, además, aparece una alteración de la concentración de la sangre y de los líquidos tisulares, lo que se traduce en afectaciones cardiovasculares y renales. Si el ahogamiento se produce en aguas sucias que contengan muchas partículas en suspensión se añadirá un taponamiento de los bronquiolos terminales de pequeño calibre. Además, el agua aspirada suele contener una serie de bacterias y otros gérmenes que provocarán una infección potencialmente grave con posterioridad. Todo ello, junto con la mencionada hipoxia como causa fundamental de la

El agua dulce y el agua salada no funcionan igual en el organismo, aunque sí producen el mismo edema pulmonar.

muerte, forma el cuadro clínico más típico del ahogamiento.

En el caso de los ahogados, la hipoxia cerebral debe tener una consideración especial y es que por el efecto del agua fría, y por tanto de la hipotermia generalizada del cuerpo, disminuyen de forma considerable los requerimientos de oxígeno por parte del cerebro. Esto se traduce en que a veces, de forma que parece un tanto milagrosa, se producen recuperaciones tras la reanimación de individuos ahogados que han podido permanecer en parada cardiorrespiratoria, y por tanto en hipoxia, durante casi media hora. Por este motivo, siempre hay que intentar la reanimación.

## Modos de actuación ante un ahogado

1

**1** Sacar a la víctima del agua tan pronto como sea posible tratando de mantener el cuerpo y la cabeza en un bloque como si de cualquier otro accidentado se tratase.

**2** Informar cuanto antes a las asistencias sanitarias de la existencia de un ahogado; una rápida evacuación a un hospital garantiza la supervivencia de hasta el 90% de los casos de semiahogamiento.

**3** Evaluar la situación general de la víctima tratando de establecer en cuál de los siguientes tres supuestos se encuentra y procediendo de una manera distinta en cada caso:

• Sujeto consciente que aparenta buen estado de salud: si no ha tragado agua es suficiente con mantener una vigilancia normal durante 24 horas y sólo trasladarlo al hospital si surgen complicaciones. Si ha tragado agua es necesaria la valoración por un médico, especialmente si ha sido bastante cantidad, puesto que algunos síndromes respiratorios malignos pueden presentarse de forma diferida hasta 72 horas después. En este último caso hay que tener además precaución ante la posibilidad de que se produzcan neumonías por aspiración de gérmenes que no se manifiestan hasta bastantes días después.

• Sujeto consciente o semiinconsciente pero que respira por sí sólo: se debe colocar en posición de seguridad, esto es, tumbado sobre un costado con la cabeza apoyada en algo blando y liberándole de ropa prieta. Si es posible, administrar oxígeno con mascarilla hasta que llegue la ayuda especializada.

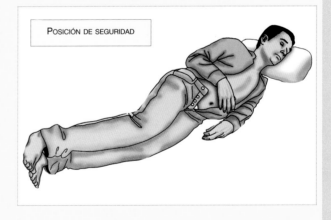

POSICIÓN DE SEGURIDAD

ADMINISTRACIÓN DE OXÍGENO

• Sujeto inconsciente o con aspecto de estar muerto: en principio no se debe dar por muerto a un ahogado nunca, salvo que ésta sea evidente por el tiempo sospechado de inmersión y la presencia de otras señales en el cuerpo que así lo indiquen. Si no, o ante la duda, deben realizarse las maniobras de resucitación cardiopulmonar de forma precoz, puesto que como antes indicábamos

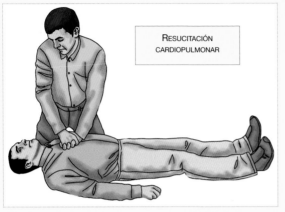

RESUCITACIÓN
CARDIOPULMONAR

en los ahogados, especialmente si son niños y el agua era fría, se han descrito casos de resucitación tras inmersiones prolongadas.

4 Colocación de la víctima en decúbito prono, es decir, tumbado boca abajo, con la cabeza hacia un lateral, ejerciendo presión en su tórax de forma rítmica con las manos y situándonos encima de él. El objeto de esta maniobra es el de tratar de eliminar toda el agua remanente en la

vía alta respiratoria. Salvo que se sospeche que el individuo pueda tener un cuerpo extraño en la vía respiratoria o la reanimación no tenga éxito, no debe provocarse el vómito mediante compresión del abdomen, ya que la práctica de esta medida acarrea más perjuicios que beneficios.

5 Se da comienzo a las maniobras de reanimación cardiopulmonar mediante el boca a boca y el masaje cardíaco según el procedimiento habitual, tal y como se recoge en los apéndices, al final de este

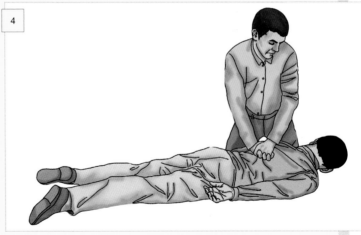

4

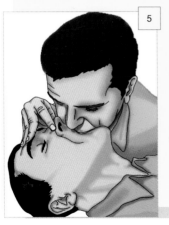

5

libro. Para ello hay que colocar al sujeto en decúbito supino o tumbado boca arriba sobre una superficie dura. Las maniobras de resucitación deben mantenerse hasta la llegada al medio hospitalario. Siempre se moverá a la víctima de un modo suave, pero firme.

6 Protección con una manta o ropa seca, puesto que al problema del ahogamiento hay que añadir posiblemente hipotermia; para saber qué hacer en este caso, véase el capítulo referido a los trastornos de la temperatura. Observación una vez reanimado el individuo de otras posibles heridas o fracturas, así como de su temperatura.

6

7 Traslado al hospital incluso cuando aparentemente la víctima se haya recuperado, en previsión de posibles problemas posteriores.

## TRATAMIENTO DEL AHOGADO

Es importante recordar que para prevenir el ahogamiento se deben tomar ciertas medidas básicas que pasan en gran parte por la educación pública de forma general y la de ciertos grupos de riesgo de forma particular. Así, junto con las clases precoces de natación a los niños, se debe insistir en la precaución frente al mar, la vigilancia de las playas y el aprendizaje de los métodos de salvamento y reanimación. El consumo de alcohol o de otras drogas es un motivo frecuente de ahogamiento, por lo que se debe evitar antes del baño.

## ATRAGANTAMIENTO

La interrupción de la vía respiratoria puede deberse también a otras causas diferentes a la entrada de agua en la misma. Además del estrangulamiento del cuello, accidental o criminal, existe un motivo bastante frecuente de asfixia como es la entrada de cuerpos extraños en la vía respiratoria, que comúnmente se denomina atragantamiento.

Se trata de un accidente relativamente frecuente en los niños pequeños y en los ancianos, y en general en cualquier individuo que manifieste un problema para la deglución. También los adultos que comen de forma apresurada o que no mastican correctamente la comida tiene mayor riesgo de atragantarse con los alimentos, especialmente con la carne. Si bien es necesario un bolo alimenticio grande y compacto para

Masticar bien los alimentos y comerlos en pequeñas porciones puede evitar un atragantamiento.

producir una obstrucción respiratoria, en ocasiones basta un trozo pequeño para que con mala fortuna se enclave en un punto concreto que cierra el paso del aire. Durante la deglución, los alimentos son empujados desde la boca hacia el esófago por un movimiento coordinado que se acompaña siempre del cierre de la glotis o paso hacia la vía respiratoria. La risa, el habla, la tos o cualquier otra circunstancia que produzca la apertura de la glotis permiten el paso de comida o líquido hacia la vía respiratoria, irritándola o, en el peor de los casos, obstruyéndola. Sólo los recién nacidos mantienen la capacidad durante un tiempo de respirar y comer al mismo tiempo, capacidad que se pierde con el tiempo por el descenso de la laringe, pero que permite ganar el habla. Resulta frecuente que se presenten en restaurantes o en el domicilio casos muy dramáticos de ahogo por una

Los objetos de pequeño tamaño, como canicas y tuercas, producen muchos atragantamientos.

mala deglución en el que la persona afectada sufre un sofoco intenso solicitando ayuda con aspavientos, seguido de una pérdida de conciencia con caída al suelo, mientras la piel adquiere un tono azulado.

Pero no sólo los alimentos pueden producir un atragantamiento, sino cualquier otra cosa susceptible de ser tragada. Normalmente se trata de objetos pequeños y romos como monedas, botones, fichas de juegos o pilas pequeñas y en los adultos no es raro el atragantamiento por prótesis dentarias, especialmente durante el sueño.

Bien sea por alimentos o por cualquier cuerpo extraño, el atragantamiento conlleva un riesgo de muerte si se obstruye de forma completa la vía respiratoria. Como comentábamos, la hipoxia o falta de oxígeno cerebral más allá de unos pocos minutos produce lesiones irreversibles. En caso de obstrucción parcial, el reflejo de la tos puede ser suficiente para expulsar el objeto fuera de la vía respiratoria, sobre todo si se trata de líquidos, que es lo más frecuente. Tras un atragantamiento siempre existe el riesgo de infección respiratoria, más concretamente de lo que se denomina neumonía por aspiración. Este tipo de infecciones se dan especialmente en ancianos y en enfermos alimentados mediante sondas.

En algunos casos, es suficiente con toser bruscamente para despejar las vías respiratorias.

TRATAMIENTO DEL ATRAGANTADO

Si bien, como ante cualquier emergencia médica, deben ser avisados cuanto antes los servicios de atención especializados, en el caso de la obstrucción total de la vía respiratoria son las personas cercanas a la víctima las únicas que tienen las posibilidades de salvarle la vida. El procedimiento a seguir en estos casos es el siguiente:

1 Intentar que el individuo expulse el cuerpo extraño mediante la tos en posición inclinada hacia delante. El típico recurso de golpear repetidamente la espalda sólo tiene validez durante unos segundos, puesto que la realización de esta maniobra de forma prolongada sólo puede aumentar su nerviosismo o inducir el espasmo de la vía respiratoria. La zona concreta donde debe golpearse es la región situada entre ambas escápulas. En los niños, es factible realizarla al mismo tiempo que se les coloca boca abajo.

2 Si no se expulsa así el objeto, se intentará extraerlo directamente de la garganta si se tiene acceso al mismo, si bien esta operación sólo debe realizarse por un profano si los signos de apnea o ahogo son patentes y no se puede dilatar en el tiempo.

3 El tercer paso a seguir si todo lo anterior no tiene éxito es la realización de la llamada «maniobra de Heimlich». Se trata de una práctica sencilla que todo el mundo debería conocer y que consiste en la realización de una compresión abdominal brusca con el fin de expulsar el objeto enclavado. Esta maniobra se realiza golpeando de

forma intensa con una
mano cerrada a la altura del
epigastrio, entre la parte
inferior del esternón y el
ombligo, mientras la otra
mano recubre a la primera
sujetándole la muñeca. De
esta manera se realizan
series de cinco golpes
secos. La postura ideal es
de pie, abrazando por
detrás a la víctima,
presionando en cada golpe
hacia nosotros y hacia

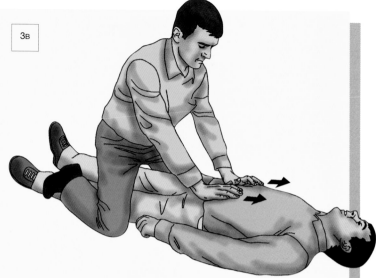

3B

arriba, en el sentido en el que queremos expulsar el cuerpo extraño. Si el individuo está
inconsciente o no podemos mantenerlo de pie, esta maniobra puede realizarse tumbado boca
arriba, transmitiendo el empuje de cada compresión hacia la boca. En las mujeres embarazadas o
en los obesos, la presión debe ejercerse
directamente sobre la parte inferior del esternón.

4 Como medida final en situaciones
desesperadas, sólo queda la realización de
una traqueotomía, o más concretamente una
cricotiroidotomía, con el fin de abrir una vía de
respiración por debajo de la obstrucción. No
obstante, no se trata de una maniobra fácil ni
siquiera para el personal médico no entrenado y se
debe de tener en cuenta que fuera de un quirófano
los riesgos que se asumen con su realización son
enormes. De forma resumida diremos que consiste
en la perforación de la tráquea con un trócar, un
bisturí o con cualquier objeto punzante en el
espacio cricotiroideo, situado debajo de la nuez.

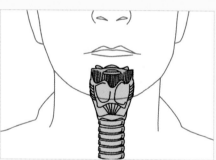

Esquema de la zona a realizar la
cricotiroidotomía.

4A

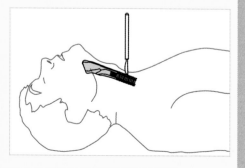

La colocación correcta de la cabeza-cuello del
paciente es fundamental para la realización de
una operación de estas características.

4B

### TRATAMIENTO DEL ATRAGANTADO

Como se ha mencionado en el cuadro anterior, ante un caso de obstrucción total de la vía respiratoria deben ser avisados los servicios de atención especializados. Aún así, las personas cercanas a la víctima son las que tienen más posibilidades de salvarle la vida. Se debe, por tanto, mantener la serenidad y aplicar los primeros auxilios que se han aprendido anteriormente.

## OBJETOS EN LA NARIZ

La mayor parte de los cuerpos extraños alojados en la nariz son introducidos intencionadamente por niños o disminuidos psíquicos, si bien en adultos pueden aparecer objetos como cristales tras un accidente,

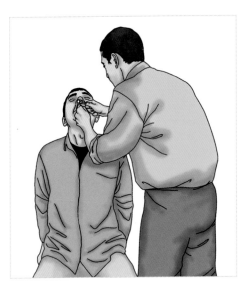

La extracción de objetos alojados en la nariz no es sencilla. En muy pocos casos se puede hacer en casa con unas pinzas y generalmente lo mejor será acudir al centro hospitalario para evitar problemas mayores.

algodones o restos de comida tras un vómito. Los niños suelen experimentar con su propio cuerpo o jugar de manera peligrosa en este sentido y no resulta en absoluto extraño que se introduzcan pequeños juguetes o piezas que encuentran por la casa dentro de la nariz.

Los síntomas que acompañan a la permanencia de estos objetos durante largo tiempo en las fosas nasales son la aparición de rinorrea o caída de moco continua que puede tener un aspecto purulento o sanguinolento y una fetidez característica. Sin embargo, ciertos objetos inertes pueden permanecer largos periodos de tiempo sin producir ningún tipo de sintomatología.

Una vez identificado el objeto introducido y conocida su posición concreta, debe procederse a su extracción. Como siempre, lo más recomendable es que sea el especialista quien lo haga, sobre todo en aquellos casos en los que el acceso es complicado por su profundidad. Si ocurre en el domicilio y vemos fácil su extracción, podemos intentarlo con unas pinzas limpias, si bien debemos abandonar el intento si comprobamos que únicamente conseguimos introducir más el objeto y empeorar el cuadro.

## OBJETOS CLAVADOS EN LA GARGANTA

Con relativa frecuencia, durante la deglución, ciertos alimentos o partes de los mismos pueden clavarse parcial o totalmente sobre la mucosa que recubre la faringe.

Característicamente son las espinas de pescado o los pequeños huesos de pollo los que producen este cuadro, pero en realidad, si se tiene mala suerte, puede ser cualquier otro alimento.

Estos cuerpos extraños pueden asentarse sobre diferentes puntos de la vía digestiva superior, como son la base de la lengua y las amígdalas, aunque en ocasiones, no muy frecuentes, alcanzan puntos inferiores.

El síntoma característico es el dolor bastante localizado en un punto concreto del cuello, que aumenta o se exacerba con la deglución. En muchos casos, si bien se ha producido una pequeña lesión en la mucosa, no se ha clavado ningún objeto, y el dolor corresponde únicamente a dicha lesión o a la sensación subjetiva de que aún hay algo allí clavado, aunque no sea así.

En casos graves, el dolor puede acompañarse de una verdadera dificultad para tragar incluso los líquidos y desembocar finalmente en problemas respiratorios.

El tratamiento consiste lógicamente en la extracción del cuerpo extraño, lo que debe realizarse únicamente en un medio

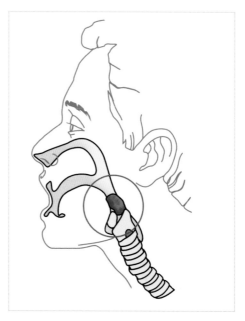

Un objeto alojado en la faringe puede provocar cuadros angustiosos de asfixia.

hospitalario mediante unas pinzas especiales o incluso mediante técnicas endoscópicas. El método popular de comer miga de pan para arrastrar el objeto no es nada recomendable, puesto que en la mayoría de los casos sólo se consigue que éste se clave aún más profundamente, e incluso que la miga también quede bloqueada agravando la asfixia.

## PRECAUCIONES PARA EVITAR AHOGAMIENTOS Y ATRAGANTAMIENTOS EN NIÑOS

• Vigilar siempre y no dejar solos a los niños en la bañera, en la piscina, estanques o playas.

• Cuando los bebés estén acostados no deben llevar pulseras, cadenas ni medallas y la cuna o cama tendrá un colchón firme y sin almohada ni cojines.

• Se controlará que los juguetes cumplan las normas de seguridad y que no contengan ni se puedan desmontar en piezas pequeñas. No se les dejará jugar con bolsas de plástico.

# Pérdida de
## conocimiento

Nuestros mecanismos neurológicos nos ayudan a mantener la conciencia cuando estamos despiertos. La pérdida de conciencia durante el sueño es fisiológica.

En el ser humano existen unos mecanismos neurológicos encargados de mantener el nivel de consciencia lo suficientemente elevado como para atender a las actividades elementales de la vida diaria. Estos mecanismos, localizados concretamente en el tronco cerebral, regulan de forma natural la intensidad de dicho nivel de forma episódica, estableciendo así los periodos de vigilia y de sueño.

Por tanto, si no concurren otros factores ajenos al sistema, mantenemos durante un periodo del día un nivel de alerta adecuado y proporcionado a la situación que vivimos, con todas las facultades mentales dispuestas a actuar si se les requiere y con un pleno conocimiento del mundo exterior y de nosotros mismos a través de la intelectualidad. Pero cuando transcurren el suficiente número de horas y el individuo siente la necesidad del descanso, comienzan unos procesos de ralentización de la actividad cerebral que desembocan de forma irremediable en el sueño. La pérdida de conciencia que supone el sueño es fisiológi-

ca o natural, al tiempo que irrenunciable para mantener una salud mental adecuada.

Observará el lector que utilizaremos en este capítulo los términos consciencia y conciencia como sinónimos, si bien el segundo tiene un significado más amplio en cuanto se refiere a un rasgo de la psicología humana que engloba el conocimiento almacenado de uno mismo y de sus experiencias vitales. Sin embargo, en Medicina se tiende a utilizar pérdida de conciencia o inconsciente de forma indistinta y con el mismo significado. Además, se emplean otros términos como desmayo, síncope, lipotimia, vahído o shock para definir situaciones similares, si bien no tienen el mismo significado exacto como veremos a continuación. De forma separada nos referiremos después a las crisis epilépticas, puesto que además de las típicas formas convulsivas más habituales, también pueden presentarse en forma de pérdida de conocimiento.

## SÍNCOPE

Se define el síncope como la pérdida brusca y transitoria del conocimiento o conciencia. Este tipo de cuadros son relativamente habituales en la población, presentándose hasta en el 3% de todos los individuos en algún momento de su vida y suponiendo una causa frecuente de urgencia hospitalaria. Son algo más frecuentes en las mujeres. También se define al presíncope como la situación de obnubilación y deterioro rápido de facultades físicas e intelectuales que precede al síncope algunas veces, pero que no tiene porqué desembocar de forma necesaria en él. Distinguimos por tanto entre el desvanecimiento habitual en el que la persona requiere ayuda de los que le rodean por no poder mantener la estabilidad postural, lo que sería un presíncope, de la verdadera pérdida de conciencia, en la que el sujeto no responde a las estimulaciones físicas o verbales que se le realizan y se desploma, lo que sería un síncope propiamente dicho.

En ambos casos el mecanismo por el que se producen es el mismo: el déficit puntual de irrigación sanguínea del cerebro que desemboca en una disminución total o parcial del nivel de consciencia. Y conviene recalcar lo de puntual, puesto que si el riego cerebral se interrumpe de una forma prolongada o definitiva estaremos hablando no de un síncope, sino de isquemia o falta de oxigenación (causada en muchos casos por trombos o por embolias) que conlleva en pocos minutos la muerte cerebral. El colesterol y el tabaquismo tienen mucho que ver con la mayor parte de las isquemias, de modo que podemos prevenirlas con una dieta y una vida más sana.

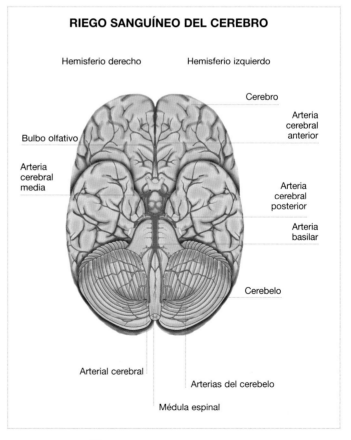

**RIEGO SANGUÍNEO DEL CEREBRO**

Hemisferio derecho

Hemisferio izquierdo

Cerebro

Arteria cerebral anterior

Bulbo olfativo

Arteria cerebral media

Arteria cerebral posterior

Arteria basilar

Cerebelo

Arterial cerebral

Arterias del cerebelo

Médula espinal

## CAUSAS DEL DÉFICIT DE IRRIGACIÓN SANGUÍNEA

• Disminución súbita del volumen de sangre que bombea el corazón en cada contracción, de la presión con que lo hace o del número de latidos que da por minuto, lo que podemos definir como gasto cardíaco. No hay datos fijos sobre la cantidad de sangre que bombea el corazón ni cuántos latidos da, pero se calcula que en el ser humano, el corazón late unas 100.000 veces cada día bombeando más de 7.500 litros de sangre. Como norma general, una persona tiene entre 40 y 160 latidos por minuto, dependiendo del sexo, la edad y la forma física (las personas deportistas y los ancianos, por ejemplo, suelen tener un pulso cardiaco más lento). En este apartado de disminución súbita de volumen de sangre bombeada por el corazón incluimos cualquier situación de pérdida brusca de sangre por hemorragia o fallos en la función motora cardiaca, principalmente por alteraciones de su actividad estimuladora eléctrica como bloqueos y arritmias o por obstrucción de las cavidades cardiacas. Es la forma más grave, pero sin embargo también es la menos frecuente.

• Disminución de la presión de la sangre que llega al territorio cerebral, pese a que el gasto cardíaco es apropiado. Nos referimos entonces a trastornos de la circulación sanguínea en los que por alguna causa no se mantiene un flujo constante y adecuado hacia el cerebro. Estos casos son sobre todo descensos de la tensión arterial asociados a circunstancias como el cambio de postura (levantarse de la cama o ponerse de pie de forma brusca, sobre todo en las mujeres de tensión baja), cambios de temperatura exterior (pasar del frío al calor), acumulación de sangre en otros territorios corporales (como durante la digestión), uso de ciertos fármacos, la micción, la defecación, la tos continua o el ejercicio físico excesivo, entre otros causantes.

• Alteración de la composición de la sangre en cuanto a la cantidad de oxígeno y de nutrientes que transporta. Hablaríamos entonces de síncopes secundarios al estado de malnutrición, con hipoglucemias o bajadas de azúcar o cuadros de anemia severos, y de aquellos casos en los que la mezcla del aire respirado es muy pobre en oxígeno, como en lugares cerrados o en espacios situados a cierta altitud donde no se ha producido la necesaria y pausada aclimatación. Esto es típico de los turistas que llegan a países andinos.

• Causas llamadas neuropsicológicas, que se refieren a estados de ansiedad o miedo, de sorpresa o de profunda impresión que producen una reacción en forma de desmayo súbito por descoordinación de los mecanismos de vasoconstricción y vasodilatación arterial. Se trata del típico vahído o desvanecimiento ante una mala noticia que se produce en individuos con unas características psicológicas predisponentes. Otro ejemplo sería el mareo de ciertas personas ante la visión de la sangre (por ejemplo, durante un análisis de sangre) o por el mero hecho de entrar en un hospital e imaginar qué ocurrirá. Puede pasar también en personas muy impresionables ante la visión de una herida profunda en caso de accidente e incluso ante situaciones no tan extrañas, como una hemorragia nasal. Se podría incluir también en este apartado la pérdida de conocimiento secundaria al dolor demasiado intenso.

Dejando aparte la primera de las cuatro causas mencionadas, es decir, el síncope de origen cardiaco, podemos utilizar una asociación de las otras tres para comprender el origen de la gran mayoría del resto de síncopes y presíncopes. Se unen por tanto diversas condiciones para originar este cuadro que actúan de forma común como precipitantes. Para entender esto de forma sencilla, nada mejor que exponer el arquetipo de síncope o presíncope benigno, llamado síncope vasovagal o lipotimia común, que se presenta en el 50% de todos los casos. Este consistiría en una mujer joven, con tensiones habitualmente bajas, que sale a la calle habiendo desayunado poco o nada y, que por ejemplo, entra en un transporte público abarrotado. Con las variaciones propias de

cada momento, muchos desmayos se asemejan a este arquetipo al que se pueden añadir otras circunstancias como estrés angustiante, infecciones víricas con fiebre, hiperventilación o respiración jadeante continua por un cuadro de ansiedad o exceso de toma de sol con anterioridad.

Como punto aparte deben mencionarse causas puramente neurológicas como causantes de una pérdida de conocimiento. Así, una hemorragia cerebral o una trombosis pueden debutar de esta manera, si bien no es una causa muy frecuente de síncope, sino más bien de shock o de coma y su sospecha se reserva para aquellos casos reincidentes o prolongados.

La forma de presentarse los síncopes y presíncopes suele ser bastante característi-

La percepción de zumbidos en los oídos es un síntoma del individuo sincopado.

5. El individuo comienza ya a no responder a los estímulos externos y gradualmente va perdiendo la conciencia.

6. Llegados a este punto se produce el desmayo o colapso postural, es decir, que se pierde la capacidad de mantener la postura y se cae al suelo o se desparrama sobre la superficie en la que se encuentre por la flacidez que adopta toda la musculatura.

Lógicamente, este proceso no siempre es así de forma necesaria. Pueden existir o

ca en todos los individuos. En la mayoría de los casos se encuentra en posición erecta, bien sea sentado o de pie, en el momento de iniciarse el cuadro. La cadena de signos y síntomas podría ser de la siguiente manera:

1. Como primer síntoma sobreviene una sensación desagradable de malestar, que puede manifestarse como angustia o náuseas y que se acompaña de inestabilidad o incapacidad de mantener la verticalidad.

2. Sobreviene después un estado de confusión u obnubilación breve durante el cual se puede distorsionar la visión o percibir zumbidos en los oídos.

3. Puede comenzar una sudoración profusa en cara y manos, que se percibe como fría, con escalofríos o incluso tiritona.

4. La piel se puede tornar pálida o grisácea.

**TROMBOSIS**

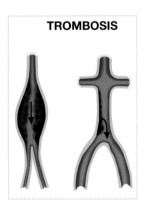

**LOCALIZACIÓN DE EMBOLIAS**

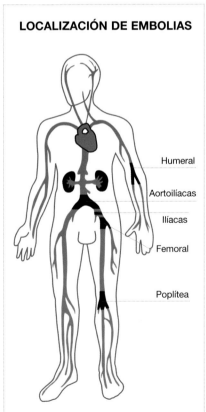

Humeral

Aortoilíacas

Ilíacas

Femoral

Poplítea

Tras un síncope, se debe tumbar a la víctima y tratar de colocarle favoreciendo el riego sanguíneo; para ello, evitaremos posturas como la de la imagen, con los pies o las piernas cruzadas y trataremos de mantenerlos en alto.

no alguno de los síntomas mencionados o pueden sucederse a tal velocidad que no sea posible discernirlos por parte del acompañante. Hasta la llegada de la pérdida del tono postural o caída suelen transcurrir unos 20 o 30 segundos, suficientes como para solicitar ayuda en la mayoría de los casos, siendo raro que se exceda de dicho tiempo.

En el caso de que se trate de un presíncope, no se perderá del todo la consciencia y a partir de este punto inmediatamente comenzará el proceso de recuperación, siendo el individuo conocedor en todo momento de la circunstancia acaecida, si bien no pueda comprender lo que le ha sucedido y cómo le ha sucedido. Por el contrario, si la pérdida de conocimiento es efectiva y duradera, hablamos ya claramente de un síncope, cuya duración puede establecerse desde unos pocos minutos hasta media hora de forma aproximada.

## CARACTERÍSTICAS DEL INDIVIDUO SINCOPADO

- Ausencia total de movimientos y flacidez de los miembros, de forma similar a un estado de sopor o sueño profundo. Es muy importante comprobar este dato para diferenciar un síncope normal de ciertos tipos de crisis epilépticas, que cursan con rigidez en los miembros.

- Pulso muy débil o imposible de detectar, al igual que la respiración. La tensión arterial puede ser también muy difícil de tomar, sobre todo si lo realizan personas expertas.

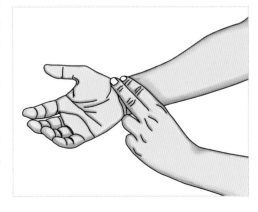

• No responde a estímulos externos tanto físicos como verbales, ni siquiera el calor (de un incendio por ejemplo) ni la inmersión en agua son capaces de sacar al individuo de su estado.

• Al adoptarse la posición horizontal con la caída propia del síncope mejora de forma inmediata el riego sanguíneo cerebral y se reestablecen de forma progresiva todos los parámetros anteriormente comentados. En general, la recuperación de un síncope es rápida.

### TRATAMIENTO DEL SÍNCOPE

Nos referiremos concretamente a las medidas fundamentales que deben tomarse para prevenir y tratar un cuadro sincopal hasta que se pueda recibir un tratamiento médico

Nadar en solitario es una actividad que debe evitarse en personas con predisposición a padecer síncopes, ya que empeora la gravedad del cuadro.

más especializado si es que éste llegara a ser necesario.

El primer punto a valorar es el referido a las medidas que deben de tomar los individuos que por una u otra razón tengan una especial predisposición a padecer estos cuadros y que tengan por tanto antecedentes de este tipo en su haber. Estas medidas serían:

1. Conocimiento por parte del entorno del individuo de la facilidad de éste para sufrir desmayos y de las medidas preventivas que deben tomarse cuando se producen, cosa que expondremos más tarde. Familiares y compañeros, deben aprender y en general cualquier persona puede hacerlo, ya que en este sentido evita muchas de las complicaciones del cuadro y del pánico que genera.

2. Toma de precauciones en cuanto a prevenir caídas cuando se presentan los primeros síntomas de mareo o malestar que indiquen la llegada del presíncope y después del síncope.

3. Prohibición de actividades potencialmente peligrosas en este tipo de indivi-

Tomar bebidas estimulantes, como el café o el té, pueden subir la tensión arterial a los hipotensos y evitar que se produzcan mareos por esa causa.

la toma de estimulantes (café, té) de forma moderada. Otras medidas son la realización de cambios posturales de forma frecuente, es decir, no mantenerse en la misma postura o de pie durante mucho tiempo y la utilización de medias de compresión elástica en las piernas que faciliten el retorno veno-

Las personas con tensión baja deben levantarse de la cama despacio y mejor en tres tiempos: incorporación del tronco, sentarse en la cama y ponerse de pie.

duos como la conducción, el manejo de materiales o maquinaria delicados u otras como el buceo, nadar en solitario, subirse a escaleras o cualquier actividad física intensa o que se realice en solitario.

4. Evitar ciertas situaciones como levantarse de forma rápida de la silla o la cama, realizar giros bruscos, prolongar un ayuno de forma innecesaria, tomar excesiva cantidad de sol o permanecer demasiado tiempo en lugares angostos y mal ventilados. El propio individuo debe conocer los causantes de desvanecimientos en otras ocasiones y evitarlos de forma rigurosa.

Entre las medidas que podemos tomar para prevenir estas situaciones se encuentran también otras como el mantenimiento de un buen estado de forma física mediante ejercicio moderado, la ingesta suficiente de sal en aquellos casos en los que las bajadas de tensión arterial es el causante, así como

so y por tanto el riego cerebral, especialmente en individuos que por su profesión permanecen en pie durante un tiempo prolongado. Ante cualquier medicamento prescrito por el médico o tomado por su cuenta se debe tomar especial precaución por si pudiera favorecer la aparición de nuevos síncopes.

MODOS DE ACTUACIÓN ANTE UN SÍNCOPE

1 Inmediatamente hay que socorrer al individuo sujetándole por detrás y convenciéndole para que se siente o se tumbe, aunque no haya perdido aún el conocimiento. Solicitar ayuda al entorno más próximo y ayuda médica de urgencias si concurren traumatismos, hemorragias o se desconocen los antecedentes del individuo en este sentido. Mirar la hora a la que se produce el cuadro y memorizarla, así como observar y memorizar sus síntomas, para poder indicárselo al personal sanitario.

2 Colocarle en una posición que permita el mejor riego sanguíneo posible y le proteja de supuestos traumatismos. La posición ideal sería tumbado boca arriba con la cabeza girada hacia un lateral. No debe colocarse en ningún caso al sujeto en posición invertida por el riesgo de que pueda vomitar e inducirle a la asfixia. También puede ser muy útil mantenerle levantadas las piernas para favorecer el retorno venoso de las extremidades durante unos minutos o hasta que recupere el conocimiento.

3 Ventilación de la estancia donde se haya producido el desmayo si se sospecha que el calor ha sido un factor determinante en el mismo. Se deben aflojar a su vez las ropas que pudieran oprimirle a

nivel del cuello o de la cintura. En ningún caso le administraremos agua, alimentos o medicamentos hasta que la recuperación de la conciencia no sea total.

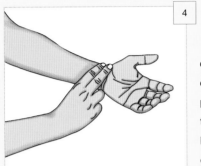

4 Comprobación de los signos vitales como el pulso o la respiración con todo el cuidado posible con el fin de distinguir entre un simple desmayo y una parada cardiorrespiratoria que exigiría la aplicación de todo el protocolo de reanimación. El pulso sanguíneo puede tomarse en la muñeca y también en el cuello, en cuanto a los primeros auxilios de reanimación cardiovascular, se explican en los apéndices finales de este manual.

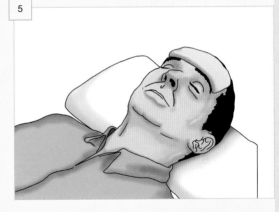

5 Tratar de hablar y estimular al individuo para comprobar el grado real de consciencia que mantiene. Un método efectivo de estimulación sería la aplicación de agua fría en el rostro (no un cubo de agua, sino unas compresas humedecidas) o la inhalación de sales, siempre y cuando se trate de una persona joven sin antecedentes de patologías graves o no concurran situaciones más graves junto con la pérdida de conocimiento.

6 Mantenerse junto al enfermo hasta que la recuperación de la consciencia llegue o hasta que acudan los servicios de urgencia si ésta se prolonga de forma excesiva en el tiempo. Una vez que el individuo parece que se recupera, debe permanecer aún un buen rato en reposo tumbado y sin realizar esfuerzos físicos durante unas cuantas horas, sobre todo si permanece una sensación de debilidad física posterior. Nuestra actuación ha de ser la de alguien que le tranquilice y le haga ver que la situación está bajo control. No hay que olvidar que en muchas ocasiones tras la recuperación de un desmayo sobreviene un segundo o un tercero, especialmente si no se han resuelto los causantes del primero, por lo que el reposo durante al menos el resto del día es recomendable.

Siempre se debe acudir al médico tras un síncope, ya que éste podría ser simplemente el síntoma de otras patologías más graves.

Como decíamos anteriormente, la gran mayoría de síncopes responden a una causa benigna y conocida y se resuelven de forma espontánea con las medidas que acabamos de comentar, no siendo necesaria la aplicación de otras más avanzadas que incluyan fármacos o internamiento en unidades especializadas. No obstante debemos recordar que una pérdida de conocimiento puede ser el síntoma inicial de múltiples patologías ocultas o la antesala de una parada cardiorrespiratoria, por lo que no deben tomarse de forma banal nunca estos cuadros aunque sean ya repetidos o conocidos y se comunicarán al médico lo más pronto posible.

La duda que surge entonces es hasta qué punto es necesario avisar a las urgencias o trasladar a una víctima de un síncope al medio hospitalario aunque se haya recuperado espontáneamente de la misma. No es fácil tomar una decisión en estos casos, aunque si somos estrictos en la aplicación de los protocolos médicos, cualquier pérdida de conocimiento comprobada fehacientemente por el entorno de la víctima debe mantener observación hospitalaria durante 24 horas con monitorización de las constantes vitales. No cabe duda de que ante aquellos casos de traumatismos, lesiones, dolor o malestar persistente tras la recuperación, la necesidad de estudio y tratamiento es evidente y no se puede obviar en ningún caso. De forma sencilla podemos atender a las siguientes circunstancias para valorar o no ese traslado:

• El hecho de que los síncopes sean ya conocidos por su reiteración evitan probablemente la necesidad de un ingreso o la toma de medidas extraordinarias, si bien no por ello deben dejarse de comunicar al médico de familia. Esto es válido siempre que se trate de presíncopes o síncopes con una recuperación relativamente rápida.

• La presencia de enfermedades graves previamente conocidas en el individuo aconseja en todos los casos la atención especializada para descartar complicaciones de la misma. Lo mismo ocurre en aquellos casos en los que se utilicen bastantes medicamentos, especialmente si alguno de ellos se ha introducido recientemente y aún no se ha experimentado en la víctima.

• Las circunstancias propias de cada persona como el hecho de vivir sólo o alejado de la ayuda médica puede hacer necesario el traslado ante la duda para evitar complicaciones posteriores.

• Aquellos síncopes fulminantes en los que apenas hay malestar previo o en los que nos encontramos a la víctima directamente inconsciente son también de obligado estudio hospitalario. Igual ocurre con todos aquellos que se excedan de los márgenes razonables de duración, es decir, que superen los 30 minutos de forma aproximada.

## CRISIS EPILÉPTICAS

Las crisis epilépticas, también llamadas comiciales, no son sino una descarga eléctrica anormal en cuanto a excesiva y sincronizada de las neuronas que forman la corteza cerebral de los seres humanos. Este tipo de descargas pueden producirse en cualquier persona de forma aislada y por diferentes causas en cualquier momento de la vida, por lo que sólo hablamos de epilepsia como enfermedad cuando las crisis se repiten y de forma constante se prolongan a lo largo del tiempo.

Cuando no encontramos una causa aparente de las mismas tras un estudio pormenorizado, hablamos de epilepsia primaria, procediéndose entonces a instaurar un tratamiento preventivo que en circunstancias normales evita el desencadenamiento de nuevas crisis. En otras ocasiones, sin embargo, sí se puede identificar un causante concreto que puede originar una crisis

epiléptica puntual o varias repetidas y se trata entonces de una epilepsia secundaria. Entre estos últimos destacan ciertas malformaciones cerebrales congénitas, traumatismos craneales, tumores o hematomas cerebrales, infecciones como la meningitis, intoxicaciones y, especialmente en los niños, la fiebre.

Para conocer el procedimiento a seguir ante una crisis epiléptica es indispensable

En niños con episodios febriles pueden ocurrir crisis epilépticas que no revisten gravedad.

saber las distintas formas en la que ésta puede presentarse. Conviene por tanto no asociar crisis epiléptica con crisis convulsiva, aunque sea su forma más frecuente de presentación, puesto que existen otras formas que no sólo no asocian convulsiones, sino que ni siquiera producen pérdida de conocimiento.

## TIPOS DE CRISIS EPILÉPTICAS

• CRISIS PARCIALES: son aquellas que comienzan desde un punto concreto de la corteza cerebral, llamado foco epileptógeno, que dispara una descarga eléctrica concreta y prolongada que se traduce en un síntoma neurológico concreto y localizado, pero no en una convulsión generalizada. Este tipo de crisis pueden a su vez dividirse en simples o complejas.

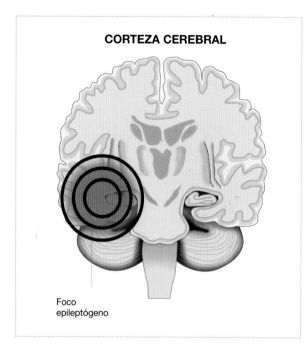

**CORTEZA CEREBRAL**

Foco
epileptógeno

El foco epileptógeno situado en la corteza cerebral es donde surgen las crisis parciales. Las generalizadas surgen de varios puntos.

Las simples serían aquellas en las que aparece de forma repetida una contracción muscular o un adormecimiento de una parte del cuerpo sin que el individuo sufra una pérdida de conocimiento y se mantenga consciente en todo momento de lo que le está ocurriendo. Se trata por tanto de una convulsión localizada de unos minutos de duración que no puede ser controlada por el que la sufre. Las crisis complejas son similares a las anteriores en cuanto a los síntomas que producen con la diferencia de que aquí sí que se presenta una alteración de la conciencia, bien una pérdida de conocimiento, o bien la toma de una conducta extravagante e inapropiada al tiempo que desconectada del entorno, con amnesia posterior de todo lo sucedido.

• CRISIS GENERALIZADAS: son aquellas que se desarrollan por una descarga múltiple cerebral originada en diversos puntos y en las que se produce en cualquier caso una pérdida de conciencia desde el primer momento. Atendiendo a la actividad muscular que provocan, podemos distinguir de forma simplificada cuatro tipos principales:

• Crisis de ausencia o de pequeño mal, consistentes en breves periodos de pérdida de conciencia u obnubilación, sin caída al suelo, que suelen acompañarse de parpadeo rápido y que pueden repetirse varias veces al día.

• Crisis tónico-clónicas o de gran mal, que son las verdaderas crisis convulsivas y las más conocidas. Comienzan con una pérdida súbita de conciencia y se produce la caída al suelo, a la que sigue un periodo corto de contracción intensa de los miembros, tras el cual empiezan a manifestarse convulsiones que con el paso de la crisis disminuyen su frecuencia, pero aumentan su amplitud. Se relajan los esfínteres y tras unos pocos minutos aparece un estado de somnolencia en el que el individuo puede permanecer varias horas. Esta es la epilepsia más clásica y la más grave.

• Crisis mioclónicas o sacudidas musculares bruscas de corta duración que suelen aparecer más en niños tras estímulos sensoriales prolongados. Se trata de la típica crisis por abuso de televisión o de pantallas de juegos.

Un exceso de estímulos visuales o auditivos puede desembocar en una crisis epiléptica. Es frecuente en niños demasiado influenciados por la televisión y los videojuegos, sobre todo cuando éstos son muy agresivos o con grandes destellos luminosos.

• Crisis llamadas atónicas o de pérdida del tono muscular de forma súbita, con flacidez, sobre todo de las extremidades, que persiste durante unos segundos.

De todas las formas en las que puede presentarse una crisis epiléptica vamos a referirnos concretamente al tratamiento de dos, como son la clásica crisis convulsiva y la convulsión febril del lactante, ya que no sólo son las formas más habituales que nos podemos encontrar, sino además en las que nuestra ayuda inicial puede ser más importante y definitiva.

## Modos de actuación ante una crisis epiléptica convulsiva

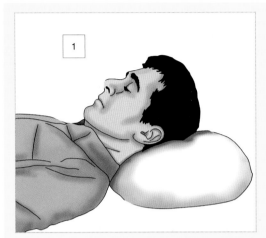

1 Pedir ayuda y organizarla tan pronto como comiencen a manifestarse los primeros síntomas, generalmente la caída inicial con pérdida del conocimiento, evitando que se dañe en este primer momento. En muchos casos los individuos epilépticos pueden manifestar una serie de síntomas neurológicos previos a las crisis que sirven como premonitores de las mismas y permiten tomar precauciones.

Retirar los objetos cercanos al individuo mientras convulsiona para que no se golpee con ellos. Se debe colocar un objeto blando o ropa entre la cabeza y el suelo. En ningún caso debemos tratar de sujetar o inmovilizar al enfermo en este momento, porque además de ser prácticamente imposible hacerlo sólo, podemos conseguir provocarle daños musculares.

2 Debemos permanecer simplemente a su lado colocando un trozo de tela en la boca para evitar que se dañe en exceso la lengua, pero con precaución de que sea lo suficientemente grande y que una buena parte del mismo quede fuera de la boca para que no se lo trague. Si el paciente tuviera comida, prótesis dentales o cualquier otro objeto en la boca habrá que intentar retirarlo por el mismo motivo.

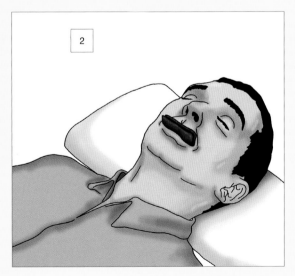

Hablar al paciente con voz suave y tranquilizadora para que sienta nuestra compañía hasta que cedan las convulsiones en unos cuantos minutos o hasta la llegada del periodo postcrítico o de somnolencia.

## TRATAMIENTO DE LAS CRISIS CONVULSIVAS

En cualquier momento de nuestra vida podemos encontrarnos ante una crisis epiléptica, tanto de una persona conocida o un familiar, como de un desconocido en la calle. El conocimiento de las medidas básicas a tomar en estos casos es fundamental para preservar la integridad física del sujeto que la sufre y favorecer su pronta recuperación.

Como hemos mencionado anteriormente, las crisis convulsivas finalizan con un estado de sopor o sueño profundo que puede prolongarse durante horas y que siempre hay que respetar hasta que se resuelva por sí sólo. Si desconocemos los antecedentes del individuo o si la crisis ha presentado características diferentes a las habituales es necesario el traslado al medio hospitalario para su valoración. En caso de tratarse de epilépticos conocidos que ya han sufrido crisis repetidas y que no presenten signos de gravedad pueden mantenerse en su domicilio y acudir al neurólogo de forma normal en los días sucesivos.

La música alta en los cascos puede desencadenar una crisis epiléptica en personas predispuestas.

Las situaciones estresantes que provocan nervios y los periodos prolongados de estudio sin descansar también son desencadenantes de las crisis epilépticas.

Lo verdaderamente importante de las crisis convulsivas es su prevención, siempre sobre la base de que un enfermo epiléptico estudiado y bien controlado con su medicación no tendría porqué sufrir crisis convulsivas. Por tanto, se entiende que el cumplimiento riguroso de las pautas de medicación y de las revisiones es el punto fundamental para la prevención de las mismas. Existen una serie de situaciones desencadenantes de crisis epilépticas en individuos que ya tienen diagnosticada la enfermedad o bien que tienen predisposición genética a padecerla, que debemos conocer para que sean evitados. Estas situaciones serían:

• Un consumo excesivo de alcohol o de cualquier otro tipo de droga, como las que se han visto en el tercer capítulo sobre intoxicaciones por sustancias.

• La falta de sueño o cansancio excesivo por diversas actividades físicas.

• Una exposición prolongada a la música alta y luces repetitivas, como por ejemplo en una discoteca.

• La tensión nerviosa excesiva o el estrés acumulado por motivos laborales o familiares.

• La permanencia excesiva ante la televisión, monitores o pantallas de juegos, especialmente en los niños.

• Sufrir un golpe de calor o insolación, sobre todo durante la realización de actividades deportivas.

• Los largos periodos de concentración o estudio y aún más si éstos se acompañan de agitación nerviosa por los resultados que se obtendrán.

• La toma de fármacos incompatibles con los anticonvulsivantes pautados por el médico.

La vida sana y reglada es por tanto el mejor tratamiento que en cualquier caso pueden seguir estos enfermos. Es conveniente recordar que los individuos epilépticos deben llevar siempre encima una nota o una placa que les identifique como tales y en la que se especifique claramente cuáles son los medicamentos que toma en ese momento. Esa información será muy valiosa en caso de accidente.

## CONVULSIONES FEBRILES

Se denominan así a un tipo concreto de convulsiones que aparecen en el 3-5% de la población infantil entre los seis meses y los seis años de edad, con un pico máximo de incidencia entre los 18 y los 24 meses. Los antecedentes familiares de epilepsia podrían favorecer su aparición. Se trata de crisis generalizadas, es decir, producidas por una des-

carga eléctrica múltiple en diversos puntos del cerebro que producen convulsiones primero y el consecuente periodo de aletargamiento posterior. Se originan por la fiebre alta, generalmente superior a 39 °C, que aparece dentro de muchos procesos infecciosos y que pueden ser banales, como una gastroenteritis o una infección respiratoria de origen vírico; no se asocia por tanto necesariamente a meningitis o a cualquier otra infección del sistema nervioso central. El primer día en el que surge la fiebre es en el que con más frecuencia se producen estas crisis convulsivas, sobre todo cuando

Por difícil que emocionalmente pueda resultar a los padres, ante una convulsión febril de un niño se debe mantener siempre la calma.

sube de forma rápida la curva de la temperatura o de la fiebre.

El tratamiento consiste en prevenir esa subida de la temperatura durante los procesos infecciosos de una manera más controlada que en el resto de los niños. El problema es que hasta que no se produce la primera crisis no sabemos de la existencia de las mismas, por lo que al menos habrá que pasar esta angustiosa experiencia una vez. Cuando se presenta una crisis convulsiva febril hay que tratar de mantener la calma, lo que resulta difícil para cualquier padre o madre. A pesar de la apariencia aparatosa del cuadro, no hay que zarandear al niño ni tratar de estimularlo con movimientos o gritos, nunca debemos perder la calma, sino todo lo contrario. Simplemente hay que proteger al pequeño entre los brazos hasta que cedan las convulsiones y acercarnos después al hospital o al centro de salud para explicar el proceso con la mayor exactitud posible y que le hagan un reconocimiento, consistente en hacer una historia clínica completa y cuidadosa y un examen físico de los aspectos neurológicos, a veces por medio de una punción lumbar que descarte una meningoencefalitis. También descartará intoxicaciones y traumatismos craneoencefálicos que puedan haber provocado la crisis. Cuando las convulsiones febriles sean más complejas, será examinado por el neuropediatra. Si se trata de crisis conocidas, el pediatra nos habrá proporcionado unos enemas especiales de diacepam, un ansiolítico, que frenarán la crisis de forma rápida y eficaz. Posteriormente, iniciaremos las medidas habituales para bajar la temperatura corporal, especialmente el uso de fármacos antitérmicos como el paracetamol o el ibuprofeno.

Una convulsión febril simple suele ser un suceso aislado que no tiende a repetirse, sobre todo si se toman las precauciones adecuadas. De hecho, rara vez se ingresan en el hospital para estudio, lo que se reserva para aquellos casos en los que los niños repiten varias crisis pese al tratamiento y se sospecha por tanto que pudiera tratarse de una forma de epilepsia juvenil. En la mayoría de los casos las crisis febriles son transitorias durante la infancia, no prolongándose más allá de los cinco años y en casi ningún caso se transforman después en epilepsia durante la vida adulta.

Existen medicamentos de paracetamol e ibuprofeno específicos para niños, por lo que se evitarán los de los adultos ciñéndose a lo prescrito por el pediatra.

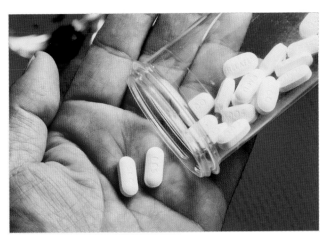

# TRAUMATISMOS

Una de las patologías más habituales en el ámbito domiciliario y familiar son los traumatismos sobre el aparato locomotor. En la mayoría de los casos se trata de golpes sin importancia, que aparte del hematoma y del dolor subsiguiente, apenas dejan impotencia funcional, es decir, que no impiden de manera importante la utilización de esa región muscular o de esa articulación. En estos casos no cabe decir más que un simple tratamiento analgésico o antiinflamatorio seguido de una cierta protección de la zona dañada. Con esto bastará para solucionar el problema.

En el lado opuesto situaríamos a los grandes traumatismos en los que se producen fracturas acompañadas o no de complicaciones vasculares y nerviosas que requieren en cualquier caso un tratamiento especializado urgente y un seguimiento posterior protocolizado. Proporcionar dicho tratamiento tan pronto como sea posible trasladando al individuo al medio hospitalario es la principal misión que podemos realizar, si bien como veremos al hablar de las fracturas, ciertos conocimientos previos pueden ser útiles antes o durante dicho traslado.

En este capítulo nos referiremos principalmente a los traumatismos moderados o intermedios entre los anteriores, es decir, a lesiones agudas o crónicas que, aunque requieran de un control médico, no suponen una urgencia y sobre las que podemos actuar con el objetivo de prevenirlas, controlarlas y evitar sus complicaciones. Concretamente hablaremos de las lesiones musculares, los esguinces y luxaciones articulares, las tendinitis y los principales tipos de traumatismos.

## LESIONES MUSCULARES

Dos son los mecanismos principales por los que se puede producir una lesión muscular en el ser humano:

• Por un traumatismo directo sobre la masa muscular, bien sea una herida punzante que tras romper la piel se clava en su espesor y produce el daño, o bien un golpe con una superficie plana que aprisiona la masa muscular entre ella misma y el hueso

## MÚSCULOS PRINCIPALES

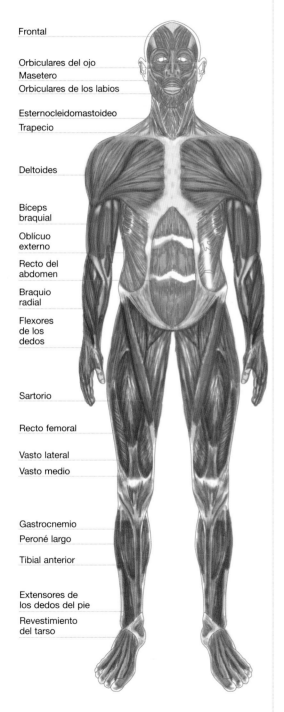

Frontal

Orbiculares del ojo
Masetero
Orbiculares de los labios

Esternocleidomastoideo
Trapecio

Deltoides

Bíceps
braquial

Oblícuo
externo

Recto del
abdomen

Braquio
radial

Flexores
de los
dedos

Sartorio

Recto femoral

Vasto lateral
Vasto medio

Gastrocnemio
Peroné largo

Tibial anterior

Extensores de
los dedos del pie

Revestimiento
del tarso

subyacente, hablando entonces de contusiones musculares.

• Por una sobrecarga o un sobreesfuerzo, por una mala contracción de las fibras musculares, por una mala postura, por falta de entrenamiento y en general por cualquier circunstancia que se traduzca en un daño muscular espontáneo y secundario al uso del aparato locomotor.

En cualquiera de los dos casos, la lesión de las fibras musculares va a producir un mismo cuadro clínico, dolor, hematoma con inflamación e impotencia funcional, todo ello en mayor o menor grado dependiendo de la intensidad del traumatismo. Alrededor de la zona afectada puede producirse una hemorragia por la rotura de las fibras que desemboque en un hematoma interno; con el paso de los días dicho hematoma puede alcanzar la piel y visualizarse desde el exterior.

Otra consecuencia directa puede ser el espasmo muscular secundario al intenso dolor que impida por completo la utilización del músculo.

### TRATAMIENTO

El objetivo del tratamiento en las lesiones musculares es precisamente controlar sus síntomas, proteger el músculo dañado, evitar complicaciones y favorecer la recuperación tan pronto como sea posible.

Los antiinflamatorios son especialmente útiles durante los primeros días tras la lesión para evitar complicaciones de la misma y para calmar el dolor. Pueden utili-

✚ MODOS DE ACTUACIÓN ANTE UNA LESIÓN MUSCULAR

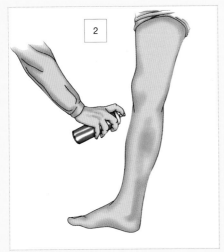

1 Inmovilizar primeramente la zona afecta; tan pronto como se note un pinchazo muscular durante la realización de un movimiento o se produzca el golpe, hay que pararse y dejar reposar la musculatura afecta. Si hay una rotura de fibras, el movimiento va a favorecer que se produzca más sangrado, y por tanto más hematoma y más dolor. En caliente además podemos notar menos dolor y seguir agravando una lesión que no se manifiesta hasta haber finalizado.

2 Aplicar frío rápidamente mediante una bolsa de hielo sobre la zona dolorida; el objetivo de esta maniobra es producir una vasoconstricción en los vasos musculares que impidan el sangrado y la llegada de los factores sanguíneos que promueven la inflamación. Ciertos sprays «milagrosos» utilizados en deportistas proporcionan ese frío inicial y alivian rápidamente el dolor muscular. Jamás se debe masajear un músculo recién dañado ni aplicarle calor por ningún método.

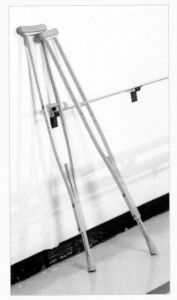

3 Comprimir el músculo mediante un vendaje bien apretado si es posible por su localización; con esta medida pretendemos también taponar una posible hemorragia al tiempo que acercamos los extremos de las fibras musculares rotas para que se forme la cicatriz cuanto antes.

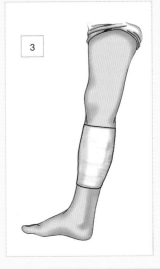

4 Mantener la inmovilización muscular mientras dura el proceso de cicatrización; posteriormente será necesaria la rehabilitación pautada o controlada por un especialista.

zarse por ejemplo el diclofenaco a dosis de 50 mg o el ketorolaco de 10 mg tres veces al día. La prevención de las lesiones musculares mediante un correcto ejercicio de calentamiento es fundamental en cualquier práctica deportiva, aunque no sea de alto nivel. El esfuerzo de una masa muscular fría o mal preparada físicamente favorece las lesiones de la misma.

## ESGUINCES

Se define así a la lesión producida en una articulación como consecuencia de forzar su margen de movilidad y obligarla a flexionarse o extenderse en demasía. Dado que dicha limitación la imponen los ligamentos articulares, son éstos los que sufren directamente la lesión, al verse cargados con una presión que supera sus límites de resistencia. Son lesiones muy frecuentes del aparato locomotor, aunque en la mayoría de los casos de carácter leve, y localizadas principalmente en los tobillos, seguidas después por las rodillas.

Los esguinces pueden cursar junto con una fractura al mismo tiempo o puede arrancarse parte del hueso donde se inserta el ligamento al forzar éste. En ocasiones la inflamación y el dolor pueden retardarse hasta finalizar el ejercicio físico o incluso horas después.

## GRADOS DE ESGUINCES SEGÚN LA AFECTACIÓN LIGAMENTOSA

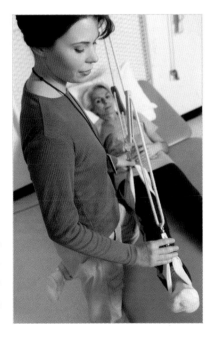

• ESGUINCE DE GRADO I: se ha producido simplemente una sobrecarga en el ligamento que ha provocado su estiramiento por encima de su longitud normal, por lo que se encuentra dolorido e inflamado. Se puede pisar pero si se fuerza el tobillo, duele.

• ESGUINCE DE GRADO II: parte del ligamento se ha desgarrado sin llegar a romperse, pero ha sangrado y toda la región aparece con un edema inflamatorio considerable. Sólo con pisar ya duele, aunque no se fuerce el paso.

• ESGUINCE DE GRADO III: el ligamento articular se ha roto, lo que además de dolor e inflamación intensa produce una inestabilidad importante de la articulación. Directamente no se puede pisar por el dolor y porque el herido nota que la pierna en este caso se desplaza sola.

### TRATAMIENTO

Un esguince que produzca inflamación importante requiere ser valorado por un médico en primera instancia, y más concretamente, por un traumatólogo después si se sospecha rotura, arrancamiento óseo o lesiones asociadas de la cápsula articular.

La fisioterapia es un recurso magnífico para tratar un esguince, ya que reduce el tiempo de inmovilización de forma importante o incluso lo hace innecesario, favoreciendo así una recuperación mucho más rápida y eficaz. La inmovilización cura el esguince, pero atrofia la musculatura y retarda la recuperación, sin embargo es más asequible poner una escayola o un vendaje que disponer de un fisioterapeuta. Las roturas de ligamentos pueden requerir una intervención quirúrgica con el fin de reparar o sustituir los mismos y dar estabilidad a la articulación.

## MODOS DE ACTUACIÓN ANTE UN ESGUINCE

1 Evitar la sobrecarga de la articulación manteniéndola parada y a ser posible en alto. Utilizar por tanto muletas o cualquier tipo de ayuda para mantenerla en reposo desde el primer momento de la lesión.

2 Aplicar hielo o compresas frías en la zona afecta; pasadas las primeras 24 horas el efecto del hielo es ya escaso. En ningún caso se debe proporcionar calor.

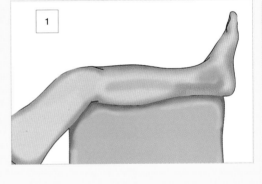

3 Inmovilizar la articulación mediante un vendaje elástico colocándola en una posición ligeramente flexionada, de forma que quede sujeta, pero no excesivamente apretada. El vendaje debe realizarse siempre desde la zona más alejada de la cabeza hacia la más cercana. Los esguinces más graves van a necesitar de una férula o una escayola completa desde el inicio.

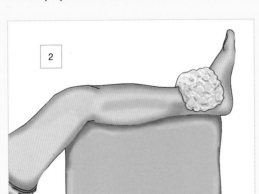

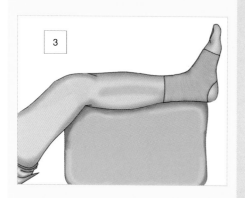

Mantener reposo sin apoyar ni forzar la articulación hasta que se retire la inmovilización. Hay que mover las articulaciones más alejadas de la zona inmovilizada (generalmente los dedos) para impedir la atrofia y el hinchazón de las mismas.

Utilizar antiinflamatorios y analgésicos para combatir el dolor que siempre se deriva de este tipo de lesiones.

## LUXACIONES

Una luxación es el desplazamiento reversible de alguno de los huesos que forman parte de una articulación como consecuencia de la aplicación de una fuerza externa sobre la misma o por un movimiento forzado. Las articulaciones están protegidas frente a esta situación por la propia cápsula articular, por ligamentos que la rodean y la fijan en su sitio y por músculos adyacentes que ofrecen un colchón periférico. Todo esto no impide que en ocasiones un hueso pueda salirse de la articulación o descolocarse, lo que además de impedir el funcionamiento correcto de la misma puede acarrear lesiones en la propia cápsula, en los ligamentos y en la musculatura.

Cuando una luxación se repite varias veces, los ligamentos protectores pueden tomar una cierta holgura y perder efectividad, hasta el punto de que la luxación aparece ya con mínimos golpes o incluso con movimientos forzados.

## ARTICULACIONES MÁS AFECTADAS POR LAS LUXACIONES

- ARTICULACIÓN ESCAPULOHU-MERAL O DEL HOMBRO: en ella ocurre que la cabeza del húmero se desplaza hacia delante por haber recibido un golpe posterior.

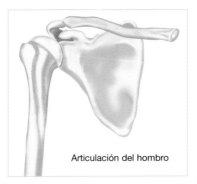

Articulación del hombro

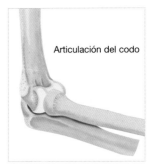

Articulación del codo

- ARTICULACIÓN DEL CODO: suele lesionarse con el añadido de un desplazamiento de los huesos del antebrazo hacia detrás, lo que ocurre generalmente como consecuencia de una caída en la que, por acto reflejo, se pone la mano con el codo semiflexionado.

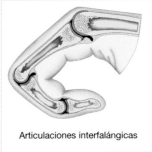

Articulaciones interfalángicas

- ARTICULACIONES INTERFALÁNGICAS: se lesiona al forzarse los dedos de forma exagerada hacia atrás.

El dolor y la impotencia funcional son los síntomas principales de las luxaciones, que se diagnostican fácilmente al comprobar el bulto que produce el hueso desplazado fuera de la articulación. Con mucha frecuencia se produce un esguince de los ligamentos articulares durante una luxación, lo que provoca que se añada inflamación en la zona. Un hueso luxado puede dañar estructuras vasculares o nerviosas cercanas y complicar aún más el cuadro.

TRATAMIENTO

Las luxaciones deben ser reducidas tan pronto como sea posible, puesto que si transcurre mucho tiempo puede resultar muy difícil colocar de nuevo el hueso en su sitio al acortarse la musculatura y los ligamentos articulares.

Esta reducción debe realizarse en un centro sanitario, si bien los individuos que sufren luxaciones repetidas pueden conocer ya el mecanismo a emplear.

Hasta que se produzca la reducción, hay que dejar la zona afecta en reposo, sentar o tumbar al individuo y no manipular la articulación sin conocimiento. Cuando la protección articular es mala como consecuencia de traumatismos o luxaciones reiteradas puede ser necesaria una cirugía reparadora.

## TENDINITIS

Los tendones son bandas fibrosas de consistencia dura que sirven a los músculos para insertarse sobre el hueso y ejercer su fuerza contráctil. Por tanto soportan una carga de tensión considerable y repetida, especialmente con el ejercicio prolongado. Como fruto de este trabajo pueden sufrir con cierta facilidad una sobrecarga manifestada en forma de inflamación; al mismo tiempo, la vaina protectora que los recubre puede rozar con las estructuras adyacentes e irritarse.

Como consecuencia de ambas circunstancias se desencadena un dolor repetido y mal localizado cada vez que se emplea esa zona muscular, que tiende a hacerse crónico y que incapacita de manera importante al individuo. El proceso puede dege-nerar con el tiempo y llegar a afectar la integridad del tendón hasta romperse.

Las tendinitis son especialmente frecuentes en deportistas y en general en cualquier persona que por motivos de trabajo emplee un grupo muscular concreto de forma repetida o sobrecargue una región específica del aparato locomotor.

Las personas que practican mucho deporte pueden verse afectadas por tendinitis localizadas en la zona del cuerpo que más esfuerzo sufra.

### TIPOS DE TENDINITIS MÁS FRECUENTES

- TENDINITIS DEL MANGUITO DE LOS ROTADORES: produce un dolor en el hombro que se agrava al tratar de separar el brazo del cuerpo o elevarlo, lo que impide maniobras como vestirse normalmente o peinarse.

- TENDINITIS BICCIPITAL: localizada en el tendón del bíceps humeral, que se manifiesta al tratar de flexionar el codo. Frecuente en levantadores de pesas y en padres al cargar a sus hijos en brazos.

• EPICONDILITIS O CODO DE TENISTA: dolor en la parte externa del codo que se extiende hasta la muñeca.

• EPITROCLEITIS O CODO DE GOLFISTA: dolor en la parte interna del codo que se extiende hasta la muñeca.

• TENDINITIS ROTULIANA: dolor en la parte inferior de la rótula de la rodilla muy frecuente en jóvenes.

Hay que comentar que estas lesiones no son únicas de los deportistas mencionados, sino que cualquier persona puede sufrirlas si hace un trabajo de esfuerzo sobre las áreas indicadas, de manera que puede darse en personas que trabajan con ordenadores o los que utilizan a menudo martillos, destornilladores, etc.

## TRATAMIENTO

La tendinitis es una patología que tiende a hacerse crónica si no se trata adecuadamente a tiempo, lo que desemboca en dolor e impotencia funcional permanente, siendo un motivo muy frecuente de consulta médica y de enfermedad profesional, sobre todo en trabajos de esfuerzo físico. Como en casi todos estos tipos de lesión, es conveniente prevenir. En el trabajo se deben adoptar posturas correctas y no sobrecargar un solo brazo o un solo pie. Una vez desarrollada la tendinitis, lo primordial es no mover la zona afectada y acudir al centro hospitalario, donde se impondrá el tratamiento correcto, que debe ser seguido escrupulosa y seriamente por el paciente.

MODOS DE ACTUACIÓN ANTE UNA TENDINITIS

1 Prevenir los movimientos repetidos, si es posible, sobre todo cuando se note sobrecarga o fatiga muscular. Adoptar una postura correcta en el trabajo, utilizar ambas manos, descansar de los esfuerzos el suficiente tiempo.

2 Hacer reposo cuando se presenta el dolor, identificando la postura concreta que lo desencadena. En el caso del hombro, es necesario poner el brazo en cabestrillo para liberar al primero del peso. En algunos casos puede inmovilizarse con una férula. El reposo es la clave fundamental para mejorar el cuadro de tendinitis aguda, por lo que se evitarán esfuerzos de todo tipo durante el tiempo que el médico considere conveniente para su recuperación.

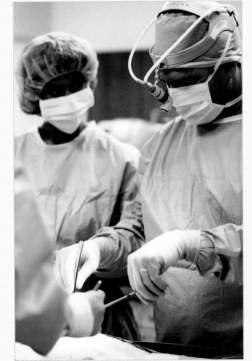

3 Poner hielo localmente sobre la zona dolorida buscando el efecto antiinflamatorio, si bien su uso en las formas crónicas carece de eficacia.

4 Tomar antiinflamatorios para aliviar el dolor, siempre bajo supervisión médica.

5 Las infiltraciones por manos expertas son un buen recurso para aquellos casos en los que no se mejora con las medidas anteriores. En cualquier caso no se debe abusar de ellas y siempre deben revisarse por personal especializado.

6 La cirugía sólo se reserva para las tendinitis muy evolucionadas e invalidantes o con riesgo de rotura del tendón.

## TRAUMATISMOS OCULARES

Ya que se dan con mayor frecuencia, nos vamos a referir a tres tipos concretos de lesiones en cuanto a traumatismos oculares:

• Erosión corneal: el daño directo sobre la córnea puede producir dolor en el ojo, lagrimeo, enrojecimiento y fotofobia o molestia a la luz. Se debe lavar el ojo con abundante suero o en su defecto agua fresca; si no mejoran las molestias o se sospecha infección, habrá que acudir al médico, que pautará colirios antibióticos y analgésicos. Las producidas por las uñas, muy frecuentes, tienen gran facilidad para reactivarse de nuevo con el tiempo.

• Cuerpos extraños corneales: consiste en la presencia de objetos entre la córnea y el párpado, lo que produce sensación como de arena en el ojo, lagrimeo y visión borrosa. Si con el lavado normal del ojo no se puede extraer el objeto, será necesario acudir al oftalmólogo. Si ha producido lesión o tiene aspecto infeccioso se aplicará un colirio antibiótico y puede que se ocluya el ojo durante 24 horas.

• Quemaduras corneales: los ácidos o bases químicas pueden producir lesiones por el contacto con el ojo. De forma inmediata hay que lavar el ojo con suero o agua a chorro; si aparece escozor o inyección sanguínea de la córnea es imprescindible la asistencia del especialista.

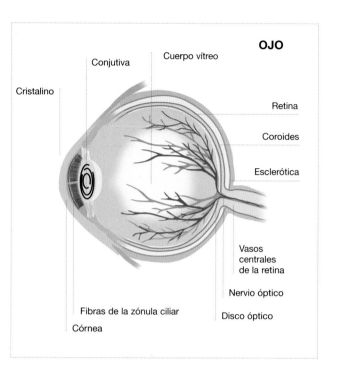

OJO

Conjutiva — Cuerpo vítreo

Cristalino

Retina

Coroides

Esclerótica

Vasos centrales de la retina

Nervio óptico

Disco óptico

Fibras de la zónula ciliar

Córnea

## TRAUMATISMOS NASALES

Las contusiones nasales pueden aparecer de forma aislada o dentro de un traumatismo facial más extenso. Las caídas, los accidentes de tráfico y los puñetazos son la causa más frecuente. El signo que acompaña siempre a estas contusiones es la hemorragia nasal o epistaxis. La primera medida a tomar es impedir que una hemorragia masiva pudiera ocupar la vía aérea, por lo que el sujeto debe echar la cabeza hacia delante (y nunca hacia atrás, como suele creerse popularmente) y comprimir la base de la nariz para tratar de cortarla.

Para detectar si hay fractura debemos sujetar la base de la nariz entre el pulgar y el índice y tratar de moverla; un crujido o un desplazamiento nos indicarán que la fractura se ha producido. Será necesario acudir después al centro hospitalario para realizar un taponamiento y colocar una férula si los huesos se han desplazado.

## TRAUMATISMOS DENTARIOS

Las contusiones en la región bucodental son relativamente frecuentes, especialmente aquellas que afectan a la integridad de una pieza dentaria. De hecho, prácticamente todos los niños se rompen algún diente de leche, aunque esto sólo es preocupante cuando ocurre con la dentadura definitiva. Siempre que un golpe en la boca provoque un sangrado y una pieza parezca inestable se debe consultar al estomatólogo lo antes posible, ya que el pro-

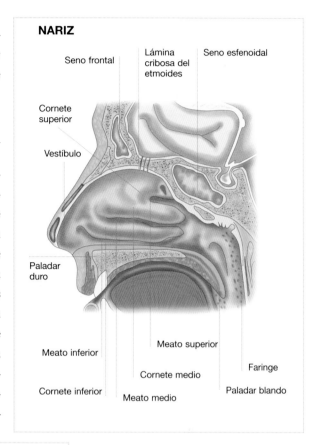

**NARIZ**

Seno frontal — Lámina cribosa del etmoides — Seno esfenoidal — Cornete superior — Vestíbulo — Paladar duro — Meato inferior — Meato superior — Cornete medio — Cornete inferior — Meato medio — Faringe — Paladar blando

nóstico positivo en cuanto a la conservación de la pieza rota depende de la rapidez con la que se actúe.

Los dientes que se afectan con mayor frecuencia son los incisivos centrales superiores, seguidos de los inferiores y después de los incisivos laterales. Mientras que en los dientes provisionales de los niños las lesiones más habituales son las avulsiones o salida total del mismo, en los adultos lo son las fracturas coronarias. En ambos casos, un tratamiento precoz puede garantizar la conservación del diente hasta en el 80% de los casos.

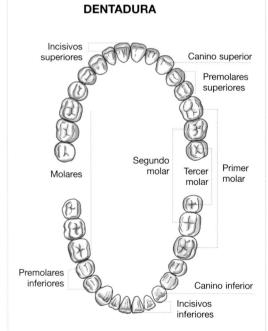

**DENTADURA**

Incisivos superiores — Canino superior — Premolares superiores — Molares — Segundo molar — Tercer molar — Primer molar — Premolares inferiores — Canino inferior — Incisivos inferiores

## TRAUMATISMOS EN EL OÍDO

Los traumatismos del conducto auditivo externo suelen ser secundarios a la introducción de cuerpos extraños en el mismo o bien a su manipulación con palillos, bastoncillos u otros objetos punzantes. Es por lo tanto fundamental que se eduque en la prevención, sobre todo en los niños, evitando que jugueteen con cualquier objeto dentro de los oídos. Para limpiarlos existen productos específicos que no entrañan ningún peligro. Cuando se produce un traumatismo auditivo, puede sentirse dolor y suele ocurrir un sangrado, generalmente leve, acompañado de inflamación y supuración que a veces disminuye o cierra el conducto y produce sordera. El tratamiento se realiza mediante un lavado del conducto y la aplicación de colirios antibióticos.

Los traumatismos del tímpano que provoquen su rotura o perforación se acompañan de dolor momentáneo, pequeña hemorragia y pérdida de audición. Suelen deberse a un golpe (sobre todo del tipo de una bofetada) o por cambios bruscos de presión. El tratamiento consiste en evitar simplemente que entre agua por ese oído, pero sin taparlo de forma permanente, hasta que en 10 o 15 días cicatrice por sí solo. Las roturas grandes pueden necesitar de reparación quirúrgica.

Las lesiones del oído interno son consecuencia de traumatismos fuertes y suelen

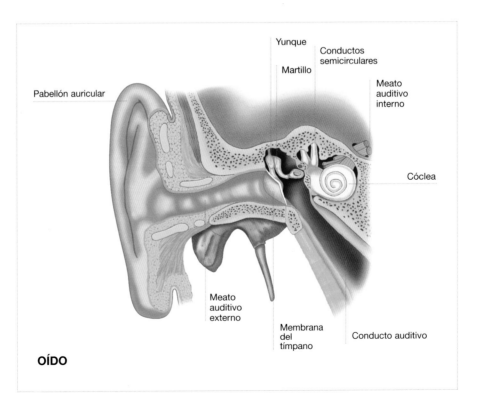

Yunque

Conductos semicirculares

Martillo

Meato auditivo interno

Pabellón auricular

Cóclea

Meato auditivo externo

Membrana del tímpano

Conducto auditivo

**OÍDO**

acompañarse de hemorragia más extensa, acúfenos o pitidos en el oído, vértigos, mareo, o incluso vómitos. Requieren control especializado inmediato.

## TRAUMATISMOS COSTALES

El 20% de los grandes traumatismos por caídas o accidentes de tráfico se acompañan de una afectación de la parrilla costal o del esternón, pudiendo en cada caso complicarse aún más por el daño interno de los pulmones y otros órganos.

Las contusiones costales, aunque se suelen asociar a la fractura de una o varias costillas, no suelen producir cuadros graves más allá de dolor y sensibilidad en la zona afectada. Una vez descartada la afectación pulmonar al no observarse dificultad respiratoria, el tratamiento es enteramente conservador, ya que es una zona que no podemos inmovilizar, haya o no fractura; es decir, no podemos escayolar como si se tratara de un brazo o una pierna. El dolor de estas contusiones o fracturas costales puede prolongarse semanas o meses por la dificultad para cicatrizar, de modo que, junto con los analgésicos habituales, se indica la realización de fisioterapia respiratoria (por ejemplo, inflar globos) para favorecer la recuperación.

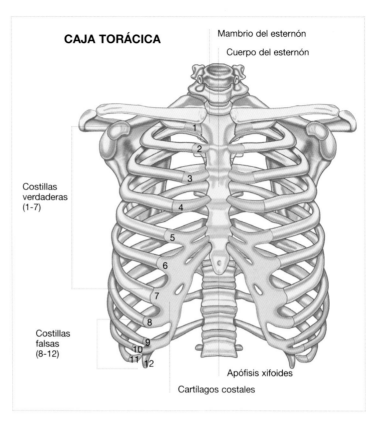

**CAJA TORÁCICA**

Mambrio del esternón
Cuerpo del esternón
Costillas verdaderas (1-7)
1
2
3
4
5
6
7
8
9
10
11
12
Costillas falsas (8-12)
Apófisis xifoides
Cartílagos costales

Las fracturas de esternón son muy frecuentes en los accidentes de tráfico por impacto contra el volante, si bien la implantación del *airbag* ha disminuido mucho su incidencia. También es una lesión típica en cualquier otro accidente, en peleas, etc.

Dado que puede producir una inestabilidad importante de la caja torácica, es necesaria con cierta frecuencia la fijación quirúrgica de los extremos separados, pero generalmente, son roturas que sueldan solas y por ese motivo a veces dejan pequeñas secuelas de dolor o más bien sensibilidad durante mucho tiempo después de haberse producido el accidente.

## TRAUMATISMOS PÉLVICOS

Las fracturas de cadera son relativamente frecuentes en los ancianos como consecuencia de caídas, mientras que en las personas jóvenes se producen generalmente por choques frontales con el coche. El punto de fractura puede localizarse en cualquier parte del anillo pelviano, en el hueso sacro o en el cóccix o, en el peor de los casos, en el acetábulo que acoge al fémur.

Salvo que se trate de una fractura pequeña y no desplazada que pueda ser tratada simplemente con reposo, las fracturas pélvicas requieren siempre un tratamiento avanzado y siempre deben ser llevadas al hospital.

Además, aunque se haya descartado la fractura por medio de la radiografía, es necesaria una vigilancia y la repetición posterior, ya que puede pasar desapercibida.

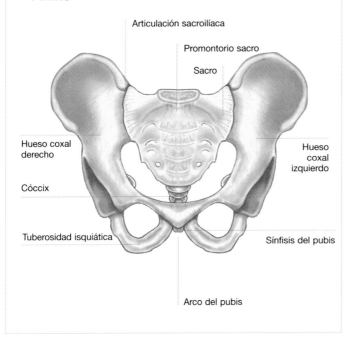

**PELVIS**

Articulación sacroilíaca

Promontorio sacro

Sacro

Hueso coxal derecho

Hueso coxal izquierdo

Cóccix

Tuberosidad isquiática

Sínfisis del pubis

Arco del pubis

## FRACTURAS DE HUESOS LARGOS

Las fracturas de los huesos de las extremidades tanto superior (húmero, cúbito o radio) como inferior (fémur, tibia y peroné) son relativamente frecuentes, sobre todo entre los jóvenes y los deportistas. Aunque normalmente no conllevan secuelas grandes, en algunos casos como en el fémur, la hemorragia asociada por afectación del paquete vascular puede ser muy importante.

Hasta que se produzca el traslado o la atención especializada de la fractura, podemos vernos obligados a realizar los prime-

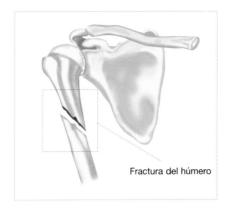

Fractura del húmero

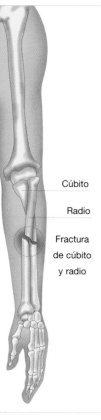

Cúbito

Radio

Fractura
de cúbito
y radio

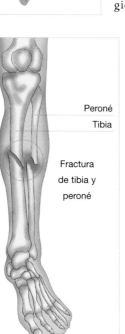

Peroné

Tibia

Fractura
de tibia y
peroné

ros cuidados o incluso el tratamiento de la misma.

Es muy habitual que tras una fractura se presente un cuadro de angustia y malestar general que incluso pueda desembocar en mareos y vómitos; y es necesario entonces tumbar al individuo y asistirle hasta que se recupere. En general cualquier tipo de fractura puede ocasionar complicaciones como lesiones vasculares y nerviosas por la proximidad al hueso desplazado, callos de consolidación patológicos por una reducción incorrecta o tardía de la fractura, embolias por salida al torrente circulatorio de material graso o de trombos que pueden ocluir el riego de una región pulmonar o cerebral y finalmente infecciones, sobre todo en las fracturas abiertas, que pueden llegar a ser graves hasta el punto de comprometer la consolidación de la fractura y la recuperación posterior.

### MODOS DE ACTUACIÓN ANTE LA FRACTURA DE UN HUESO CARNOSO

1 Limpiar la herida si la fractura ha sido abierta, taponando una posible hemorragia hasta que ésta ceda.

2 Proceder a reducir la fractura si es posible; esto es, a colocar de nuevo los extremos rotos en su posición original para que la consolidación posterior sea adecuada. Si las superficies óseas han quedado montadas una sobre otra, es necesario traccionar de un extremo.

3 Inmovilizar la fractura; hasta que se pueda colocar una férula o una escayola se puede entablillar la fractura. Para ello buscaremos una superficie plana, dura y alargada sobre la que descanse el hueso roto y la ataremos al miembro con firmeza, pero sin comprimir la circulación. Si no disponemos de una superficie con estas características podemos realizar un vendaje con un palo que dé firmeza sin llegar al torniquete.

4 Uso de analgésicos y antiinflamatorios desde el principio, ya que las lesiones óseas son especialmente dolorosas y a veces hasta se pierde el conocimiento.

### FRACTURAS DEL FÉMUR

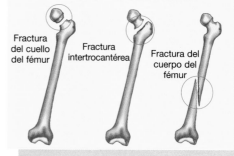

Fractura
del cuello
del fémur

Fractura
intertrocantérea

Fractura del
cuerpo del
fémur

# TRASTORNOS

## de la temperatura

Una de las principales características del ser humano es, al igual
que la de otros muchos animales
superiores, la de ser homeotermo, es decir, la
de poseer la capacidad de mantener constante una temperatura corporal independientemente de la que presente el entorno que le
rodea. Esta capacidad es muy útil en cuanto
a que permite mantener unas condiciones
estables para el funcionamiento de todas las
reacciones químicas que forman el metabolismo. De hecho, una parte del mismo se
emplea precisamente en mantener ese
calor corporal ajustándose a las condiciones climáticas presentes en cada
momento.

El hipotálamo es la región cerebral encargada, entre otras funciones,
de regular la temperatura corporal,
tanto a través de la detección de la
temperatura de la sangre que le llega,
como mediante una serie de fibras
nerviosas que le conectan con diversos detectores de temperatura distri-
buidos por todo el cuerpo. El cuerpo
humano mantiene una temperatura

media en torno a los 36,6 °C, con variaciones mínimas según cada individuo, el
momento del día y su estado de salud. La
piel sin embargo se mantiene a 33,5 °C de
media. Para mantener esa temperatura se
necesita principalmente el calor que proviene del metabolismo, o lo que es lo
mismo, el calor liberado por las reacciones
químicas que continuamente se suceden en
nuestras células. Pero ésta no es la única
fuente de calor que utilizamos, sino que
por el hecho de relacionarnos con el medio

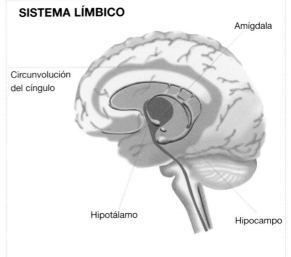

**SISTEMA LÍMBICO**

Amígdala

Circunvolución
del cíngulo

Hipotálamo

Hipocampo

ambiente estamos expuestos a pérdidas o ganancias de temperatura.

Frente a estas circunstancias ambientales más o menos fáciles de evitar, el cuerpo humano cuenta con métodos fisiológicos de urgencia que estabilizan su temperatura. Junto con el aumento del metabolismo (concretamente la quema de las grasas de reserva y el glucógeno del hígado) para generar más calor químico interno y la subida o bajada de la tensión arterial, los vasos sanguíneos periféricos responden dilatándose con el calor y contrayéndose con el frío, exponiendo así al exterior más o menos sangre para que se enfríe o se caliente. La tiritona y/o la necesidad de

moverse responden también a un mecanismo defensivo que genera calor en la utilización de la glucosa de las células musculares. Finalmente, la respiración y la ingesta también aportan su intercambio de calor o de frío según la temperatura del aire que respiramos o de los alimentos que tomamos.

A veces se produce un fracaso en el control de la temperatura debido a múltiples circunstancias, generalmente externas, aunque también como consecuencia de otras patologías. Nos referimos a las características y al tratamiento de cuatro síndromes concretos relacionados con la temperatura: la hipotermia, la congelación, el golpe de calor y finalmente, la fiebre.

## LA TEMPERATURA CORPORAL EN RELACIÓN AL MEDIO AMBIENTE

- RADIACIÓN: el impacto de los rayos solares sobre el cuerpo o de cualquier fuente electromagnética que aporte calor supone una ganancia de calor, independientemente de la temperatura del aire. Por el contrario, a temperaturas menores, es el cuerpo humano el que irradia calor al exterior, siendo además ésta su principal forma de eliminarlo.

- CONVECCIÓN: a través del aire envolvente se produce un intercambio de calor acorde a las leyes físicas. Así, una temperatura ambiente mayor a 33,5 °C, es decir, que supera a la de la piel, introduce calor en el organismo, mientras que una temperatura baja del aire que nos rodea se calienta gracias al contacto con nuestro cuerpo.

- CONDUCCIÓN: por el contacto directo con cualquier materia, nuestro cuerpo transmite o gana calor dependiendo de la temperatura de dicha materia y de la sangre que nuestra piel exponga a dicho contacto, según la sensación térmica que tengamos. El agua actúa como un conductor excelente y por tanto peligroso en estos casos.

• Evaporación: consiste en la producción de sudor sobre la piel con el fin de enfriarla al evaporarse éste. Es un mecanismo básico o primario del cuerpo para eliminar calor, más molesto que eficaz. De hecho, con humedades relativas superiores al 60% acompañadas de calor intenso, la evaporación es nula.

## Hipotermia

Se define de manera simple la hipotermia como aquella situación en la que la temperatura del organismo desciende por debajo de 35 ºC marcando el comienzo del fracaso de los mecanismos de regulación térmica que ya hemos mencionado anteriormente. La hipotermia puede deberse a un descenso excesivo y prolongado de la temperatura ambiental o a una enfermedad grave que impida la actuación del hipotálamo cerebral, que como ya sabemos es el centro regulador.

Además del simple hecho de exponerse al frío, existen varias circunstancias que pueden agravar la respuesta al mismo y producir por tanto hipotermia y congelación con mayor facilidad. Entre éstas cabe destacar:

• Las condiciones ambientales: la intensidad del frío, el viento, la humedad o la mojadura, la altitud (más frío cuanta más altura) y en general el tiempo de exposición a todos estos factores determina la gravedad de una hipotermia.

• La edad: los niños recién nacidos no son capaces de responder de forma adecuada al frío por la falta de madurez de los sistemas encargados de generar y conservar el calor. Los ancianos también pueden perder

Una temperatura invernal puede producir hipotermia si se está mucho tiempo expuesto al frío sin suficiente ropa de abrigo o si ésta no es la adecuada para temperaturas muy bajas o mucha humedad.

la eficacia de dichos sistemas si se asocian circunstancias como la inmovilidad, la demencia o la presencia de patologías crónicas. Por estos motivos, tanto a los niños como a los ancianos, especialmente si están enfermos, se les debe mantener vigilados, de manera que se les abrigue o se les retire la ropa siempre que la situación meteorológica cambie o al entrar en un lugar con calefacción o aire acondicionado.

• El estado nutricional y físico: la falta de grasa corporal o de reservas energéticas impide la termogénesis o generación de calor a partir de su movilización y quema. La presencia de fatiga o cansancio extremo

El sistema termorregulador de los recién nacidos es aún precario, por lo que no se defienden bien del frío ni del calor por sí solos.

por andar o nadar determina también la llegada precoz de este cuadro. Por este motivo, las personas que sufren trastornos alimenticios como la anorexia y llegan a una delgadez extrema, siempre sienten frío, ya que carecen de reservas de grasa.

• La protección empleada: la mayor parte de las muertes por congelación hoy en día se deben a exposiciones prolongadas al frío con un material de abrigo insuficiente, especialmente al caer la noche o con vientos gélidos. Los montañeros deben extremar las precauciones en sus salidas por mucha experiencia que tengan.

• La ingesta de alcohol: si bien un trago de una bebida alcohólica puede hacer entrar en calor a una persona al proporcionarle una fuente energética rápida, no debemos olvidar que el alcohol es un vasodilatador, por lo que a la larga, una toma exagerada del mismo produce aún mayor hipotermia y agrava los efectos sobre la consciencia. Cuadros similares pueden des-

cribirse con el uso de otras drogas que tengan efectos parecidos a los del alcohol, como los barbitúricos y los sedantes.

• Algunas enfermedades: el hipotiroidismo, la insuficiencia de las glándulas suprarrenales y la hipoglucemia, por ejemplo, pueden acompañarse por sí mismas de un descenso de la temperatura corporal y agravar por tanto una congelación. El infarto de miocardio, las quemaduras o las lesiones de la médula ósea también pueden desencadenar hipotermia; por ello siempre se insiste cuando hablamos de primeros auxilios en que hay que cubrir con una manta a cualquier herido, accidentado o enfermo grave.

Por último, tengamos en cuenta que ante el frío, muchas enfermedades empeoran, como las afecciones de garganta, los problemas en la piel, etc.

Tomar alcohol en exceso puede agravar un cuadro de hipotermia, ya que es un vasodilatador y como tal, puede descender más la temperatura corporal.

## TIPOS DE HIPOTERMIA ATENDIENDO A SU GRAVEDAD

- HIPOTERMIA LEVE: es aquella en la que la temperatura corporal se sitúa entre 35 y 32 °C. Se produce primeramente una alteración global de las funciones intelectuales con amnesia y apatía. La tensión arterial empieza a subir como consecuencia de la vasoconstricción generalizada. Comienza un temblor muscular que con el paso de los minutos se hace agotador.

- HIPOTERMIA MODERADA: cuando la temperatura se encuentra entre 32 y 28 °C. El nivel de consciencia disminuye, las pupilas se dilatan y el afectado comienza a tener actitudes extrañas y desesperadas. El pulso se desacelera, así como la función cardiaca, pudiendo aparecer arritmias del corazón. El consumo de oxígeno y la producción de dióxido de carbono disminuyen y por tanto el ritmo respiratorio lo hace con ellos. Cede la tiritona y empieza a aparecer rigidez muscular.

- HIPOTERMIA GRAVE: se produce cuando la temperatura desciende por debajo de los 28 °C y por tanto el riesgo de muerte o secuelas graves es evidente. La actividad cerebral disminuye hasta desaparecer casi por completo, el corazón comienza a fallar manteniendo un ritmo hasta ese momento muy irregular. Desaparece cualquier movimiento o signo de actividad nerviosa.

### TRATAMIENTO

Como siempre el mejor tratamiento posible es la prevención, en este caso basada no sólo en la utilización de la ropa de abrigo adecuada, sino también en el conocimiento del medio por el que se va a excursionar. A la larga, de nada sirven las ropas especiales ni cualquier otro objeto si por error de cálculo, mala suerte o desconocimiento un individuo se expone mucho tiempo al frío intenso, ya que la muerte es segura si no es rescatado a tiempo. Por tanto es necesario que las visitas a la montaña sean bien planificadas y comunicadas a las autoridades de rescate y que cuenten con medios adecuados para tratar las principales complicaciones que pueden surgir. La ropa de abrigo debe cumplir una serie de condiciones mínimas para ser adecuada: debe principalmente aislar del viento y de la humedad, que son las dos formas más rápidas de perder calor que tenemos en estas circunstancias, ya que el calor irradiado por nuestro cuerpo se mantiene gracias al abrigo de la ropa. Nunca deben usarse ropas prietas o muy ajustadas que permitan la pérdida de

Llevar ropa de abrigo adecuada al medio, que aísle del viento y la humedad, es la mejor prevención ante la posible hipotermia.

calor o la entrada de frío por conducción; se deben dejar colchones de aire entre la ropa, lo que actúa como un buen aislante. Es por tanto más útil llevar varias capas de ropa fina superpuestas que una sola, aunque sea muy gruesa. Si se moja una parte del cuerpo, aunque sólo sea por el propio sudor, se debe cambiar la ropa tan pronto como sea posible.

Algunos signos y síntomas deben servirnos para detectar en nosotros mismos o en un compañero de escalada el inicio de un cuadro de hipotermia, con el fin de terminar la expedición si es posible o de tomar medidas preventivas. Estos signos según avanza la gravedad del cuadro son:

• Sensación de frío intensa que no cede con el esfuerzo físico y que no se acompaña de sudor, hasta el punto de impedir cualquier actividad que no esté destinada a calentarse.

• Aparición de lenguaje confuso o ininteligible. Aparecen continuas quejas por la dureza del terreno y un gran pesimismo en cuanto al logro de los objetivos propuestos.

• Torpeza en los movimientos con tropiezos continuos, descoordinación y lentitud respecto al resto y respecto a uno mismo en condiciones normales.

• Actitud negativa o incluso agresiva del afectado con incapacidad para razonar y actos extraños como desprotegerse del frío o echarse a dormir sin querer escuchar los consejos de los compañeros.

Antes de mencionar las medidas básicas para tratar la hipotermia conviene señalar que si bien la alta montaña es el lugar más típico donde se presenta este cuadro, no es el único. También se describen un buen número de hipotermias en nadadores, accidentales o no, incluso con protección especial para el agua. Recordemos que el agua es un excelente conductor que extrae de nuestro cuerpo el calor a gran velocidad y por este motivo se usan las piscinas en verano. Así, un individuo que permanezca en el agua a 8-10 °C muere por hipotermia en 15-30 minutos aunque nade o se mueva; incluso con traje aislante de neopreno tendrá que vigilar el tiempo de inmersión.

MODOS DE ACTUACIÓN ANTE UNA HIPOTERMIA

1 Emprender primeramente el retorno hacia un refugio más cálido por el propio pie o ayudado por los compañeros. Solicitar ayuda a Protección Civil o a la autoridad competente e incluso, en caso de necesidad, la ayuda de cualquier persona cercana.

2 Retirar las ropas húmedas y sustituirlas por otras secas o impermeables, o por ninguna si no se tienen a mano, siempre y cuando se está ya en un medio más cálido. Es preferible estar desnudo y seco que mantener las ropas mojadas sobre el cuerpo. Las mantas de aluminio son especialmente útiles en estos casos y son muy fáciles de transportar porque no pesan ni ocupan espacio, generalmente son las que utilizan los equipos de salvamento. Cubrir la cabeza, ya que es una fuente muy importante de pérdida de calor.

3 Comprobar la respiración y el pulso para descartar una parada cardiorrespiratoria; si ésta sucede, comenzar con las maniobras de resucitación que se detallan en los apéndices de este libro.

4 Comenzar con el recalentamiento propiamente dicho, dando a beber primeramente bebidas calientes al sujeto siempre que mantenga un nivel de consciencia aceptable, poniendo cuidado en que nunca sean bebidas alcohólicas, sino más bien algún caldo, infusiones, etc.

## CONGELACIÓN

La congelación se produce cuando algún tejido o región periférica de un individuo alcanza una temperatura de 0 °C, es decir, se hiela o se congela literalmente, lo que produce un cuadro clínico diferente, pero acompañante al de la hipotermia. La congelación puede presentarse dentro de cualquier fase de la hipotermia o incluso sin signos de la misma, simplemente por el hecho de que una zona corporal quede expuesta a temperaturas bajo cero durante el tiempo suficiente. Así, un montañero

5 Si la hipotermia es leve y se trasladada al individuo a un ambiente en torno a los 22-23 °C, basta con las medidas anteriores, ya que recuperará un grado de temperatura por hora y la mejoría será rápida. Si la hipotermia es más grave será necesario un recalentamiento más activo mediante la aplicación de ropas calientes o bolsas de agua; este calor no debe proporcionarse sólo en las extremidades, aunque parezcan las zonas más frías, sino también en el tórax y el cuello con el fin de subir la temperatura central al mismo tiempo.

6 Nunca se debe sumergir al individuo en agua caliente si existiese dicha posibilidad, ya que pueden producirse trastornos cardíacos fatales. Pueden utilizarse las cantimploras para llenarlas de agua caliente y ponerlas entre las ropas de la víctima o usar bolsas de agua caliente, pero poniendo cuidado de que nunca entren en contacto directo con la piel.

7 En casos más desesperados, nuestro propio cuerpo puede transmitirle calor a la víctima manteniéndola apretada contra nosotros a cortos intervalos y frotándole el cuerpo con las manos. También se puede introducir aire caliente mediante el boca a boca.

puede mantener una temperatura central aceptable mientras que los dedos de sus manos o de sus pies se están congelando probablemente sin que ni siquiera se dé cuenta. También la nariz y las orejas pueden congelarse con facilidad, ya que son partes del cuerpo que están «alejadas» del sistema de irrigación sanguínea y por ese motivo también es fácil que sintamos frías las manos y los pies o que nos enrojezcan la nariz o las orejas cuando hace frío mucho antes que cualquier otra parte del cuerpo.

En los casos graves, cuando un tejido se congela, se forman cristales de hielo en

Las personas sin techo expuestas a los rigores medioambientales pueden desarrollar fácilmente el llamado «pie de inmersión».

su interior a partir del líquido celular, lo que desemboca en la destrucción de la célula y la afectación de las terminaciones nerviosas y de los vasos sanguíneos que llegan a la zona. Al romperse la vascularización, los tejidos progresivamente se mueren o necrosan, proceso que puede durar incluso semanas, llegándose desgraciadamente a veces a las amputaciones para prevenir la gangrena. En un primer momento la congelación se acompaña de adormecimiento o acorchamiento de la zona, para con posterioridad aparecer un profundo dolor.

En los casos más leves en los que no llega a producirse realmente la congelación, pero sí la exposición al frío prolongado de las extremidades, aparecen típicamente dos tipos de lesiones:

• Los sabañones o pernios son lesiones de los dedos y del dorso de la mano secundarias a frío seco y más típicas de mujeres jóvenes, especialmente con antecedentes de enfermedades reumáticas articulares. La lesión principal subyacente es sobre las terminaciones nerviosas y los vasos sanguíneos, lo que se manifiesta en la piel como placas eritematosas que después se tornan violáceas, picor, edema y dolor con pérdida de sensibilidad.

• El pie de inmersión, también llamado de trinchera, se debe por el contrario a la exposición a un frío húmedo prolongado, especialmente en vagabundos o soldados en guerras. De forma típica, la región afectada se torna fría, azulada y edematosa pudiendo aparecer después ampollas y úlceras. Si no se remedia a tiempo se produce una gangrena final similar a la de las congelaciones.

El proceso de descongelación debe mantenerse durante varias horas pese a que parezca que la zona retorna a la normali-

Si el montañero no lleva un calzado adecuado sus dedos pueden congelarse incluso aunque el resto del cuerpo mantenga una temperatura óptima.

MODOS DE ACTUACIÓN ANTE UN CASO DE CONGELACIÓN

1 Evitar la utilización de la zona congelada, es decir, no caminar sobre pies que hayan sufrido este cuadro ni utilizar las manos salvo lo imprescindible.

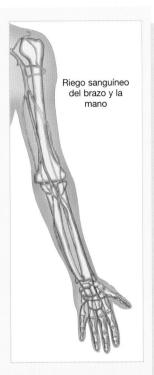

Riego sanguíneo del brazo y la mano

Riego sanguíneo del pie

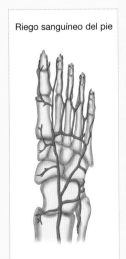

2 Proporcionar alimentos y bebidas calientes tan pronto como se tome refugio. La hidratación es fundamental en estos casos; recordemos que no se debe beber alcohol cuando existe la sospecha de congelación.

3 No masajear las zonas afectadas ni con nieve ni con nada en general; simplemente descubrirlas una vez llegado a un ambiente cálido.

4 Si la lesión es leve con poca pérdida de sensibilidad y movilidad, se debe dejar que poco a poco se calienten las extremidades y retomen su color y funcionamiento normal; de este modo, el riego sanguíneo se normalizará. Si la lesión es más grave, será necesario recalentar la zona mediante inmersión de la misma en agua a 40 °C o con una manta eléctrica. Siempre se tendrá mucho cuidado con acercar demasiado las manos o pies a una hoguera, ya que la insensibilidad de la zona puede hacer que no se aprecie una quemadura y se empeore el pronóstico.

dad. Al aplicarse calor y comenzar a ceder el cuadro se reestablece la circulación sanguínea y la sensibilidad, lo que provoca la llegada del dolor; es entonces cuando erróneamente se abandonan muchas veces los tratamientos. Las congelaciones graves en las que se demora el traslado a un centro hospitalario pueden complicarse sobremanera con trombosis, edemas, dolores intensos e infecciones y, pese al tratamiento oportuno que se establezca para cada una de ellas, ser necesaria finalmente la amputación múltiple de falanges.

Como se recomienda siempre, lo mejor es tomar medidas preventivas no exponiéndose innecesariamente a bajas temperaturas y si no queda más remedio que hacerlo, tomar la precaución de utilizar siempre ropa y materiales adecuados para la protección general y muy especialmente, de dedos, nariz y orejas.

## GOLPE DE CALOR

Antes de comentar los dos últimos cuadros relacionados con la temperatura es importante saber distinguir dos conceptos diferentes como son la hipertermia y la fiebre, aunque en ambos casos se produzca una elevación de aquélla.

Hipertermia es la incapacidad del hipotálamo cerebral para controlar la temperatura del cuerpo por la entrada en exceso de calor de forma brusca, hasta el punto de que el sistema no es capaz de inducir variaciones de la misma ni modificarla; es como una especie de fracaso por saturación. La fiebre, por el contrario, es una ele-

Los niños deben estar siempre protegidos ante el calor y el sol, con la cabeza cubierta, utilizando gafas de sol, usando cremas con factor de protección alto y adecuado a su tipo de piel, y permaneciendo en la sombra el mayor tiempo posible.

vación de la temperatura controlada y consecuente con una patología concreta que la induce a aparecer y a mantenerse. No hay por tanto fracaso del sistema, sino una reacción defensiva del organismo mediante el calentamiento corporal para combatir una agresión externa.

Se denomina golpe de calor a un tipo de hipertermia, es decir, a un tipo de elevación de la temperatura corporal en la que, al contrario que en la fiebre, se ha producido un fracaso de la termorregulación. Si bien existen otras causas de hipertermia; como la secundaria a fármacos o las surgidas como complicaciones de enfermedades tiroideas, renales o suprarrenales, el golpe de calor es la forma más frecuente.

Este cuadro consiste en una disfunción orgánica potencialmente grave secundaria a una elevación incontrolada de la temperatura que atenta contra el normal funcionamiento de los sistemas y contra su propia estructura. Es decir, que un exceso de calor externo provoca una elevación de la temperatura central que supera el límite de tolerancia humana y puede desembocar en un cuadro mucho más grave. Aunque cualquier individuo es susceptible de padecer este cuadro en un momento determinado, ya que en gran medida depende de las condiciones medioambientales, habitualmente se observa en dos tipos concretos de personas:

• En ancianos, que normalmente aquejados de ciertas enfermedades crónicas, permanecen en un ambiente muy caluroso y muy mal hidratados. Es la típica causa de muerte en personas mayores durante una ola de calor veraniega donde se alcanzan temperaturas de hasta 40 ºC que provocan en estos individuos una elevación similar de su propia temperatura.

• En personas jóvenes y sanas que realizan un esfuerzo físico continuado estando al sol y con temperaturas de más de 30 ºC y humedades relativas superiores al 60%. En este caso, la mala hidratación, la desprotección de la cabeza frente al sol y la falta de descanso son claves para que se desemboque en el cuadro. Es frecuente que los jóvenes no tomen en serio las recomendaciones de protección ante el sol y el calor creyendo en su propia fortaleza de forma desmedida o incluso por descuido.

Cabría destacar incluso un tercer grupo de personas con más riesgo de sufrir un golpe de calor, que serían las personas que sufren algún trastorno psiquiátrico, ya que se abandonan y generalmente no son conscientes ni de la situación de peligro ante el sol o el calor, ni de su propia deshidratación. En este grupo podrían encuadrarse también todas aquellas personas alcohólicas o con adicción a otras drogas y también todas las que padecen desnutrición o están muy débiles.

El golpe de calor puede adoptar una forma leve desembocando en un síncope

por caída de la tensión arterial, precedido de sensaciones de mareo y angustia, que generalmente tras un tratamiento con reposo e hidratación mejora en poco tiempo. Sin

Los ancianos están más expuestos al golpe de calor porque suelen tener una hidratación incorrecta. Aún es más fácil que ocurra si están enfermos.

embargo, en ocasiones, puede ser ciertamente grave al alcanzar la temperatura corporal los 42 ºC, desencadenando así alteraciones de las propias proteínas que forman nuestro organismo, impidiendo el funcionamiento correcto del metabolismo y causando la muerte en más de la mitad de los casos en los que se produce. Cuando el golpe de calor se complica observamos distintos signos y síntomas como:

• Piel seca y caliente, con una temperatura corporal medida con termómetro de más de 40 ºC.

• Convulsiones de tipo aislado, espasmos musculares y alteraciones nerviosas debidas a la pérdida de iones a través del sudor.

La cabeza debe protegerse de las radiaciones solares con sombreros, pañuelos o gorros de tejidos naturales para que transpiren.

- Frecuentemente se dan también náuseas y vómitos.
- Hiperventilación o respiración de aspecto jadeante.
- Orina oscura por la presencia de sangre en la misma.
- En los casos más severos, entrada en estado de coma.

## Tratamiento

Se trata de una patología evitable con medidas de protección lógicas frente al sol y en general frente al calor. No se deben realizar actividades físicas intensas durante las horas centrales del día ni en ambientes excesivamente húmedos.

La actividad debe ir precedida en cualquier caso de la toma de líquidos abundantes, nunca café ni alcohol. Durante el ejercicio se debe descansar cada 30 minutos para protegerse del sol, refrescarse la nuca y beber moderadamente.

Es importante proteger el cuerpo con ropa fina que transpire, pero que también proteja del impacto directo de los rayos solares.

No se debe practicar deporte en las horas centrales del día, caracterizadas por ser las más calurosas y además hay que descansar de vez en cuando, beber líquidos frecuentemente y humedecer la nuca al menos cada media hora.

 MODOS DE ACTUACIÓN ANTE
UN GOLPE DE CALOR

1 Situar al afectado fuera del impacto
del sol, a la sombra, o fuera de la
habitación caldeada.

2 Darle bebidas isotónicas o agua en
su defecto, siempre que esté
consciente.

3 Proporcionarle aire fresco mediante
ventilador, abanico o llevarle hasta
donde sabemos que existe aire fresco o
acondicionado.

4 Secar el sudor de la piel y
humedecérsela después con paños
de agua fríos; colocar una bolsa de hielo
en la nuca, en las axilas y en el tórax.

5 Si el cuadro es extremadamente grave
con pérdida de conciencia, se puede
proceder a dar baños de agua con hielo.

6 En el hospital, si no cede la
hipertermia con todas las medidas
anteriores, se procederá directamente a
enfriar el organismo con lavados gástricos
o peritoneales con suero helado.

En cuanto a los ancianos, hay que
mantener sus habitaciones frescas y airea-
das dentro de lo posible. Además hay que
asegurarse de que beben los suficientes
líquidos, siendo especialmente útiles en
estos casos las bebidas isotónicas. Conviene
que salgan a andar a última hora del día,
cuando baje el calor.

Un golpe de calor o cualquier tipo de
hipertermia debe ser trasladado al medio hospitalario para su supervisión y tratamiento,
dada la alta mortalidad que conlleva.

## FIEBRE

La fiebre es una elevación de la temperatura corporal por encima de los límites normales que se produce de manera controlada, es decir, que los mecanismos de ajuste
de temperatura que se encuentran en el
cerebro deciden subir unos grados la
misma, pero siguen manteniendo la posibilidad de modificarla. Incluso las variaciones diarias de la temperatura que se producen en una persona sana se siguen presen-
tando en una con fiebre; se trata por tanto
de un reajuste del «termostato» unos gra-

dos más arriba y no de que se estropee como pasaba en la hipertermia.

Se trata de un mecanismo defensivo frente a las infecciones con el objeto de dificultar las condiciones de vida de los gérmenes e impedir su reproducción y extensión. Al igual que sucede con la tos o la inflamación, por poner dos ejemplos, la fiebre es más molesta que útil, si bien es un magnífico signo de alarma para detectar enfermedades y controlar su evolución.

Generalmente las infecciones víricas producen fiebres más altas que las bacterianas. Otras causas de fiebre pueden ser traumatismos craneoencefálicos, tumores evolucionados, vasculitis o fiebres inducidas por ciertos fármacos.

Cuando el hipotálamo detecta ciertas toxinas producidas por los gérmenes es cuando decide comenzar con la elevación de la temperatura como respuesta. Para ello ordena generar calor extra a partir de las

## TIPOS DE CUADROS FEBRILES

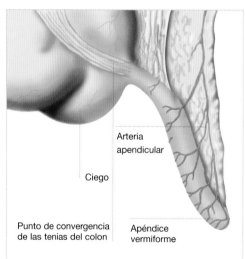

Arteria apendicular

Ciego

Punto de convergencia de las tenias del colon

Apéndice vermiforme

Cuadros agudos como la apendicitis, o inflamación del apéndice, pueden cursar con fiebre o febrícula. En estos casos es importante no bajar la temperatura hasta que se haya establecido un diagnóstico.

• Febrícula o fiebre baja, que es cuando se sitúa la temperatura entre 37-38 °C; es la forma más habitual y aunque suele ser provocada por cuadros leves no por ello debe de ser ignorada. Infecciones prolongadas de difícil diagnóstico y cuadros agudos como la apendicitis pueden cursar con febrícula. No obstante, cuando el resto de los síntomas apunten claramente a otra enfermedad común: catarros, gripes, etc., tampoco deberíamos darle mayor importancia y se puede combatir con un antitérmico.

• Fiebre propiamente dicha, situada entre 38-41,5 °C; de forma habitual por las tardes y por la noche suele elevarse la temperatura para disminuir otra vez al amanecer. Según sus características (intermitente, en agujas, recurrente) orienta hacia una patología concreta o hacia otra.

• Hiperpirexia o fiebre extrema superior a 41,5 °C; aparece en infecciones muy graves y sobre todo en hemorragias cerebrales. Elevaciones superiores a 43 °C son prácticamente incompatibles con la vida y su detección suele ser más bien un error de medición o una exageración.

fuentes de reserva hasta alcanzar el punto deseado. Pero la fiebre es un síndrome que se acompaña de otros signos y síntomas de forma progresiva según se instaura:

• Se produce una vasoconstricción y un enfriamiento de las extremidades, lo que se manifiesta como escalofríos y temblor. La persona presenta un tono de piel pálido mientras sube la temperatura. Pueden aparecer malestar general y angustia como síntomas acompañantes.

• Cuando se alcanza el punto máximo de temperatura, comienzan a actuar los mecanismos de pérdida de calor; aparece por tanto vasodilatación y la persona ahora tiene calor, la piel se enrojece y comienza a sudar. Podemos decir que este momento se corresponde con la bajada de temperatura. Puede notarse en esta fase cansancio y dolor de cabeza.

Ambos estados pueden comenzar a alternarse a partir de este momento, si bien el empleo de fármacos antipiréticos y de medidas externas de enfriamiento puede alterar este orden.

Las fiebres muy altas pueden acompañarse también de otros síntomas, como el delirio, confusión y obnubilación de la conciencia, aunque tampoco son tan habituales. En los lactantes y niños muy pequeños pueden aparecer convulsiones, que ya se han estudiado en el capítulo acerca de la pérdida de conocimiento.

Cuando la temperatura baja, comienza un periodo de cansancio y cefalea que forma parte de la convalecencia normal en estos casos.

## TRATAMIENTO

Como decíamos anteriormente, la fiebre es un signo molesto que se tiende a tratar en todos los casos en la actualidad. Aunque la mayoría de las veces la fiebre no aporta mucho desde el punto de vista defensivo, no conviene olvidar que nos informa acerca del estado general de la infección y de su evolución. Por tanto, el deseo de bajar de cualquier modo una fiebre baja o febrícula tampoco es recomendable. Al eliminar la fiebre con antipiréticos, dado que estos fármacos son también analgésicos, podemos enmascarar un cuadro peligroso que parece curado, al desaparecer tanto la fiebre como el dolor.

Cuando el diagnóstico inicial o aproximado de la infección que se padece esté realizado o se sospeche claramente, procederemos a tratar la fiebre. En primer lugar, recurriremos a los antipiréticos o también llamados fármacos antitérmicos.

Cuando se comienzan a tomar fármacos de este tipo, es conveniente seguir una pauta fija y, al menos durante los primeros días tomarlo a las horas establecidas se tenga o no fiebre. Es más sencillo mantener

Un baño de agua templada y friegas con compresas frías en la frente, la nuca y las muñecas son los remedios físicos más eficaces para bajar la fiebre tanto en niños como en adultos.

la temperatura baja, que bajarla cuando se dispara. Cuando con los tratamientos habituales la fiebre no cede o se eleva por encima de 41 ºC debe consultarse de nuevo al médico para que se revise el diagnóstico y el tratamiento. Es preciso comprobar que la fiebre no se acompañe de signos de alarma graves como vómitos muy potentes, pérdida de consciencia, rigidez en la nuca o manchas en la piel.

Las medidas caseras que pueden servir a ayudar a bajar la temperatura son el empleo de paños o compresas frías, las friegas con alcohol, los baños de agua fresca o simplemente desprenderse de las ropas. Sudar la fiebre estando en cama bien abrigado puede resultar muy útil para acortar el tiempo de recuperación, pero siempre se tomará la precaución de cambiar la ropa y las sábanas si se humedecen para evitar así que el paciente pueda enfriarse. Durante los periodos febriles la hidratación abundante es fundamental. Además, no se debe olvidar que la habitación de un enfermo debe estar bien ventilada, procurando hacerlo sin que éste se resienta por el frío. Los niños pequeños suelen tener cuadros de fiebre más alta que los adultos, incluso aunque la enfermedad no revista gravedad alguna. Su tratamiento, siempre bajo la supervisión del pediatra, será el mismo que el de los adultos, pero con antipiréticos y antitérmicos infantiles y con medios más físicos, como los baños. A pesar de los cuadros febriles exagerados, los padres deben conservar la calma y seguir las instrucciones del personal sanitario. Eso sí, cuando se observe en un niño fiebre alta sin causa aparente, siempre será obligada la visita médica.

## ANTIPIRÉTICOS Y ANTITÉRMICOS MÁS FRECUENTES

- PARACETAMOL: posee propiedades analgésicas y antipiréticas, pero no es un antiinflamatorio, como ocurre con la aspirina. Se trata de un fármaco seguro y eficaz tanto en adultos como en niños, siendo sólo las afectaciones hepáticas su única contraindicación posible. Se puede emplear en casos de fiebre rebelde a dosis de hasta un gramo cada seis horas.

- ASPIRINA: el ácido acetilsalicílico es también un potente antitérmico, aunque su empleo ha sido desplazado en los últimos años por el paracetamol, sobre todo en niños, donde se puede asociar a ciertos síndromes hepáticos. Además existen muchas personas alérgicas a su principal componente químico, lo que le hace más impopular. Como todo antiinflamatorio, este ácido puede dañar la mucosa digestiva y aso-

ciarse a úlceras y hemorragias. No obstante, es un medicamento eficaz que suele utilizarse para tratar el dolor y la fiebre. La dosis recomendable es de 500 mg cada seis horas en los adultos.

- OTROS ANTIINFLAMATORIOS: ibuprofeno, naproxeno, diclofenaco, piroxicam, ketorolaco y en general el resto de fármacos de este grupo actúan como antitérmicos por el mismo mecanismo de la aspirina, y como ella presentan sus mismos riesgos secundarios. El más conocido de todos es el ibuprofeno, un analgésico, antipirético y antiinflamatorio cuya dosis en los adultos se establece entre 400 y 600 mg cada cuatro o seis horas.

- METAMIZOL MAGNÉSICO: empleado comúnmente como analgésico, posee también una importante actividad para descender la fiebre y afecta muy poco al sistema digestivo. En adultos, la dosis es de uno o dos gramos cada ocho horas.

# Heridas

## y hemorragias

Probablemente, uno de los accidentes domésticos más habituales sean los cortes y las heridas. Cualquier objeto habitual, como un cuchillo o unas tijeras puede ser un peligro, sobre todo en manos de los niños. Además, también fuera del hogar es el accidente laboral más típico y suele venir acompañando a otros problemas, como los accidentes de tráfico, las caídas, etc. Saber actuar a tiempo evitará males mayores.

## Heridas

Se define una herida como la separación traumática o quirúrgica de los tejidos corporales que deja expuesta una región del organismo, bien al medio externo, bien a las estructuras adyacentes, o bien a ambos simultáneamente. En cualquier caso, una herida supone siempre una desprotección en cuanto a que la pérdida de las barreras anatómicas permite el paso de microorganismos hacia lugares y cavidades que deberían permanecer estériles y por lo tanto se convierten en fuentes de infección.

Es posible clasificar las heridas atendiendo a diversos factores:

• Según el agente causal concreto que haya producido la herida podemos distinguir entre herida punzante o fina y profunda, producida por un objeto afilado con poco sangrado externo pero muy peligrosa, herida incisa o menos profunda, pero más extensa en su afectación de la piel y con bordes bien delimitados, producida con un objeto cortante, y finalmente herida contusa o irregular secundaria a un golpe sobre la piel.

• Según su profundidad podemos distinguir desde el simple arañazo que ni siquiera afecta completamente la epidermis, la desolladura o herida con pérdida de sustancia que llega hasta la dermis, heridas penetrantes que alcanzan los tejidos posteriores a la piel y finalmente heridas perforantes que alcanzan las vísceras internas.

• Según el riesgo de infección, se habla de heridas limpias cuando se han producido accidentalmente o por un procedimiento quirúrgico con material estéril y en un ambiente aséptico y heridas contaminadas

## FASES DE UNA HERIDA

• FASE INFLAMATORIA INICIAL: los vasos sanguíneos cercanos a la zona afectada transportan a la misma mediadores químicos del organismo y células defensivas, como los glóbulos blancos, con el objeto de defenderla de la penetración de gérmenes. Al mismo tiempo se produce una vasoconstricción local para frenar la posible hemorragia.

• FASE DE CURACIÓN: a partir del tercer día comienza a regenerarse el tejido perdido con el fin de rellenar y reconstruir la zona afectada. Este tejido, llamado «de granulación», crece siguiendo el patrón estructural de la zona y se acompaña de la revascularización o formación de nuevo de los vasos dañados.

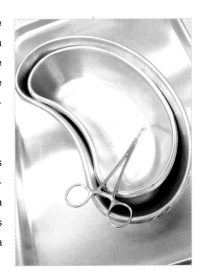

• FASE DE CICATRIZACIÓN: una semana después de la herida, las fibras de colágeno trasladadas a la zona comienzan su proceso de maduración al tiempo que la reacción inflamatoria decrece. De forma progresiva se unen los bordes separados y la piel vuelve a crecer sobre los mismos, cerrándose la herida y completándose la cura.

todas las demás, mientras no se demuestre lo contrario. Serán heridas infectadas todas aquellas que en el curso de su evolución adquieran gérmenes patógenos.

Las heridas son en general el accidente doméstico y laboral más frecuente, encuadrándose en la gran mayoría de los casos dentro de la categoría de leves, en las que se afecta únicamente la piel por rozamiento contra el suelo o por contacto con superficies afiladas. Cuando se produce una herida comienzan de inmediato los mecanismos de reparación espontánea o natural del organismo, con el fin de proteger la región y producir el cierre de la misma.

### TRATAMIENTO DE LAS HERIDAS

La gravedad de una herida va a depender por tanto de diversas circunstancias, como la extensión y profundidad de la misma, la intensidad de la posible hemorragia acompañante, la contaminación que presente y la afectación de las estructuras internas. Es necesario entonces valorar la gravedad de las mismas atendiendo a estos criterios antes de tomar una decisión para su tratamiento. Las heridas que cumplan algún criterio de gravedad deben ser tratadas y vigiladas por personal sanitario. Así mismo, toda herida en la que se haya producido

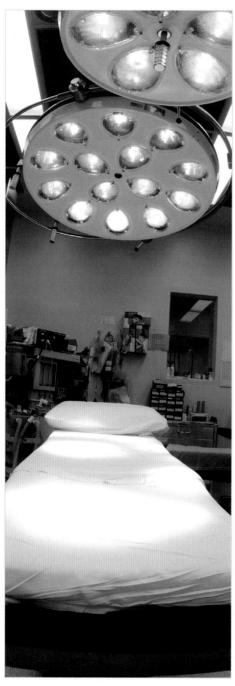

Ante heridas muy penetrantes y/o perforantes y ante aquellas que pueden afectar psicológicamente por cuestiones estéticas, se hace obligatorio el paso por el quirófano.

una separación importante de los bordes de la piel, dejando a la vista superficies internas, posiblemente tendrá que ser suturada. Sólo las heridas leves, y que en principio pensemos que no pueden estar complicadas, deben ser tratadas en el domicilio en un primer momento, aunque si la evolución no es favorable, se consultará. El primer paso es la valoración general de la herida en cuanto a su aspecto, sus características, el objeto causante, las complicaciones que presenta, el estado general del afectado y sus antecedentes. Posteriormente debe seguir una valoración de los medios a nuestro alcance; es decir, del material para curas que tenemos y de las posibilidades de acudir a un centro sanitario. Como decíamos antes, en principio una herida leve puede ser tratada en casa, aunque si el acceso a un profesional sanitario es sencillo debe acudirse al mismo.

Signos como la fiebre, el dolor excesivo, las secreciones purulentas o el enrojecimiento de la zona circundante pueden indicarnos durante las curas siguientes que se está produciendo algún tipo de complicación y que será necesaria la valoración por una enfermera o un médico. La evolución de una herida y sobre todo la correcta cicatrización de la misma pueden estar influidas por múltiples circunstancias tanto externas como propias del individuo, de tal modo que pueda prolongarse su tiempo de cura definitiva de forma exagerada. Estas circunstancias son:

• Presencia de infecciones en la herida, lo que se detecta por medios indirectos como el olor que produce (queso fuerte o dulce), el dolor y la fiebre, la inflamación excesiva de los bordes después de los tres o cuatro primeros días, el retraso de la cicatrización o la producción continua de pus. Los medios directos, es decir el cultivo de una muestra de la herida, son los únicos que pueden confirmar la infección de forma segura.

• Los problemas circulatorios en general, la edad, la debilidad o fragilidad de la piel, la temperatura y la humedad influyen también en el proceso de curación pudiendo alargarlo y complicarlo. La aparición de escaras negras sobre una herida indica la presencia de necrosis o muerte del tejido, que debe ser retirado de la misma.

• Algunas enfermedades generales pueden dificultar el proceso de curación y de cicatrización. La diabetes de forma típica favorece que las heridas se infecten y que curen de forma tardía o lenta, principal-

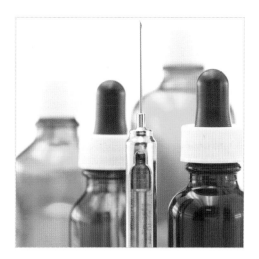

La revacunación del tétanos es una medida protectora ante las heridas.

mente por la afectación de los pequeños vasos sanguíneos característica de esta enfermedad.

• Otras circunstancias pueden ser la ausencia de una sutura que hubiera sido necesaria, una mala realización de ésta, la aparición de alergias, la desnutrición, la movilización excesiva o precoz de la zona o la realización de curas por personal no entrenado.

Después de haber realizado la cura hay que valorar finalmente el resto de tratamientos necesarios. Son tres los principales aspectos a valorar:

1. Hay que prevenir la infección por *Clostridium tetani* o tétanos, consistente en un cuadro de espasmos musculares que pueden desembocar en la muerte por asfixia como consecuencia de una toxina elaborada por este bacilo cuando penetra en el organismo. La sintomatología comienza a las dos semanas de la herida de forma aproximada aunque en ocasiones puede ser más precoz. Las heridas producidas por superficies oxidadas o por tierra donde habiten animales son más propensas a este tipo de infección. Su tratamiento ideal consiste en la prevención mediante la vacunación masiva de la población, por lo que ya se incluye en el calendario vacunal de los niños en la mayoría de los países desarrollados. Conviene recordar que sólo la vacunación completa, es decir, las tres dosis de la misma (la segunda al mes de la primera y la tercera al año) proporcionan una protección completa. En caso de duda se procede tras una herida a revacunar.

MODOS DE ACTUACIÓN ANTE UNA HERIDA LEVE

1 Lavado de manos con agua y jabón antes de proceder a tocar la herida; si se tienen guantes de látex limpios deben emplearse.

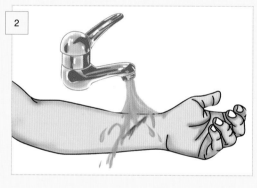

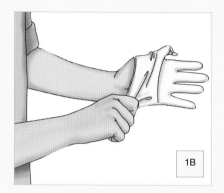

2 Lavado de la herida con agua a chorro y jabón o con suero fisiológico abundante. Observar la presencia de cuerpos extraños y retirarlos si los hubiera. Limpiar también la región de piel circundante para eliminar focos de contaminación cercanos. Si la zona posee mucho pelo y éste se introduce en la herida, se debe proceder a rasurarlo.

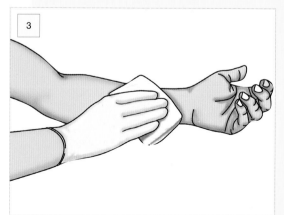

3 Comprimir con una gasa tras el lavado durante unos minutos para frenar la posible hemorragia.

Aplicar un antiséptico sobre la herida utilizando una gasa estéril (mejor que algodón). Los principales antisépticos son, por orden de preferencia, la clorhexidina, la povidona yodada, el agua oxigenada y el alcohol etílico. No es recomendable aplicar pomadas.

Si se trata de una herida pequeña con una abertura escasa, se podrá dejar que cierre y cicatrice por sí sola. Si tenemos dudas al respecto o no somos capaces de controlar la hemorragia, será necesaria la valoración especializada por si procediera la sutura. Ésta puede realizarse con hilo, grapas o con tiras especiales llamadas «puntos de aproximación».

4 Se suture o no la herida, el siguiente paso será el de cubrirla. Para ello se emplearán también gasas estériles y esparadrapo. Existen como alternativa hoy en día apósitos adhesivos estériles muy cómodos y que se pegan menos al pelo que el esparadrapo o las tiritas. Nunca debe comprimirse en exceso una herida; si se producen erosiones en un margen amplio de la piel, puede colocarse una venda alrededor de la gasa, pero nunca que apriete la región para que no dificulte la

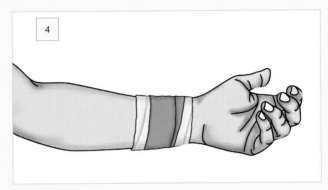

circulación. Es muy importante recordar que una herida curada que se va a cubrir debe de estar seca, puesto que la humedad favorecerá que pueda complicarse.

5 Una vez terminada la cura, la zona afectada debe permanecer unas horas en reposo y, a poder ser, elevada respecto al resto del cuerpo para frenar en lo posible la inflamación. Al día siguiente se debe descubrir la cura para comprobar de forma precoz que no se presentan complicaciones. Se repite de nuevo el proceso anterior y se vuelve a cubrir, pudiendo distanciar más las curas (dos o tres días) si el aspecto es bueno. Tan pronto como veamos que se ha recuperado la integridad de la piel y se está formando inicialmente la costra, se dejará ya al aire.

2. Hay que prevenir cualquier otra infección que pudiera producirse, tanto si la herida se contamina excesivamente, como si el individuo presenta un estado general debilitado por cualquier circunstancia. Una bacteria llamada *Staphylococcus aureus,* presente en la piel humana de forma habitual, es el germen que con más frecuencia infecta las heridas. Puede ser por tanto necesario el empleo de antibióticos como la penicilina y derivados para su prevención.

3. Hay que controlar síntomas secundarios mediante el empleo de analgésicos como el paracetamol o el metamizol magnésico, pero no la aspirina, que puede favorecer el sangrado. Un efecto antiinflamatorio

además de analgésico puede obtenerse con sustancias como el diclofenaco o el ibuprofeno. Generalmente estos tratamientos sólo son necesarios los primeros días siempre que no surjan complicaciones.

Un botiquín debe contar con gasas, algodón, antisépticos, esparadrapo y tiritas para tratar las heridas de pronóstico leve.

Como aspecto final, sólo recordar que en determinadas personas y circunstancias las heridas pueden cicatrizar de forma irregular o aberrante, dando como resultado un problema estético evidente. Estas cicatrices patológicas pueden deberse a una predisposición genética del individuo, a complicaciones surgidas durante la curación de la herida, o a una defectuosa sutura de la misma. Así pueden existir cicatrices hipertróficas o excesivamente grandes para la herida que se produjo, queloideas o gruesas por una reacción excesiva de la propia piel, dolorosas por la afectación de una terminación nerviosa, o retráctiles por una sutura excesivamente tensa.

## HEMORRAGIAS

Se denomina así a cualquier extravasación sanguínea, o lo que es lo mismo, a la salida fuera de los vasos de la sangre circulante como consecuencia de una lesión o traumatismo que produce la rotura de éstos.

Tan pronto como un vaso sanguíneo se rompe comienzan una serie de reacciones fisiológicas con el objetivo de taponar la salida de sangre y reparar la continuidad del vaso para que se restablezca así la circulación normal. Una hemorragia produce un primer efecto sobre el volumen de sangre circulante, ya que si la pérdida es masiva o rápida éste disminuye de forma dramática poniéndose en peligro el riego sanguíneo de los órganos vitales. Por eso, cuando el organismo detecta esta fuga reacciona con una vasoconstricción o cierre de los vasos próximos a la herida para cortar el mayor caudal perdido posible. La pérdida brusca de sangre se asocia por tanto a un descenso de la tensión, mareo y debilidad, junto con palidez por restricción de la sangre enviada a la piel. Otro efecto de las hemorragias es la pérdida de hierro secundaria, así como de otros nutrientes, especialmente cuando se trata de hemorragias crónicas.

El organismo humano tiene un límite de tolerancia a la pérdida sanguínea, si bien cuando ésta es crónica, los efectos perjudiciales pueden permanecer enmascarados durante largo tiempo. De forma aguda, una hemorragia que supere el litro de sangre extravasada provoca un cuadro grave de hipovolemia que el organismo puede tolerar a costa de notables esfuerzos y de efectos secundarios. A partir de los dos litros, estos mecanismos compensadores se desbordan desembocando en una parada cardiaca. Las cifras dependerán en cada caso de la envergadura y por tanto del volumen total de sangre que cada persona tenga.

Si bien son los traumatismos la causa más frecuente de que se produzca una hemorragia, el inicio de ésta o su prolongación puede verse inducido o favorecido por una serie de circunstancias como:

• Las enfermedades de la coagulación, desde la hemofilia y la enfermedad de Von Willebrand en las que se afectan algunos de los factores de la coagulación, hasta las trombocitopenias o déficits de plaquetas en la sangre.

• Los aumentos de la presión sanguínea sobre regiones capilares como la córnea o la mucosa nasal.

• La toma de fármacos que disminuyen las propiedades agregantes (aspirina) o coagulantes de las células sanguíneas y que por tanto favorecen la prolongación de la hemorragia.

• Otros hechos como los cortes con superficies rectas y afiladas, la presencia de calor en la zona, el movimiento y la elevación de la tensión arterial pueden impedir el cierre de una hemorragia.

Desde el punto de vista práctico, podemos dividir las hemorragias en dos tipos:

• Externa, en la que apreciamos exteriormente la salida de la sangre por un punto concreto o herida abierta y que por tanto se puede abordar directamente.

• Interna, en la que el sangrado es intuido por sus efectos como la hipoten-

## TIPOS DE HEMORRAGIAS ATENDIENDO AL TIPO DE VASO AFECTADO

• Hemorragias capilares, generalmente superficiales y que producen un sangrado lento pero continuo.

• Hemorragias venosas, más abundantes, con poca presión pero con sangre oscura.

• Hemorragias arteriales, de color rojo intenso y con fuerte presión o a borbotones de chorros finos acompañando los latidos cardíacos.

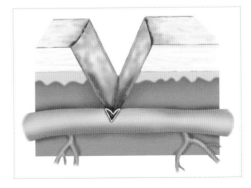

Vaso sanguíneo roto.

MODOS DE ACTUACIÓN ANTE UNA HEMORRAGIA EXTERNA

1 Colocar en posición tumbada al individuo para realizar el tratamiento de la hemorragia, con la cabeza algo más baja que el resto del cuerpo. Si el sangrado proviene de una extremidad, se debe elevar ésta para que disminuya la presión de salida de la sangre.

Si el sangrado se acompaña de herida limpiaremos primero ésta con suero o agua jabonosa a chorro para ubicar con exactitud dónde se encuentra el punto sangrante.

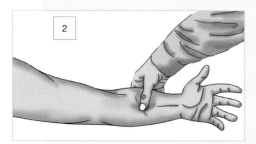

2 Aplicamos presión directamente sobre la hemorragia con la mano, si es posible con gasas estériles y si no, con cualquier trozo de tela limpio que tengamos. Si vemos que pronto rezuma de sangre este trozo de tela no lo retiraremos, sino que añadiremos otro trozo encima del mismo y continuaremos presionando. Si ya sospechamos que se trata de un sangrado importante, se debe mantener la presión durante 15 minutos como mínimo y después comprobar si la hemorragia ha cedido. Si no es así, se volverá a comprimir la región y ya no cesaremos en ello hasta la llegada del personal sanitario.

sión, la anemia o el shock, o apreciado tras comprobar sangre en el vómito, en las heces o en el esputo. Los hematomas son hemorragias superficiales que no llegan al exterior, pero se hacen visibles a través de la piel.

Utilizaremos esta división para explicar las maniobras a seguir en el tratamiento de las hemorragias. Después nos referiremos de forma separada al sangrado nasal o epistaxis y al de los oídos u otorragia.

TRATAMIENTO DE LAS HEMORRAGIAS EXTERNAS

Teniendo en cuenta todas las circunstancias que rodean al sangrado y viendo su volumen, debemos tomar la decisión de trasladar o no al enfermo a un centro sanitario. Aun así, sea una hemorragia leve que podemos cortar sin problemas, o sea grave y hasta que se produzca la atención especializada, hay que seguir un protocolo de actuación.

Si la hemorragia cede con esta técnica o se hace muy pequeña, se procederá a envolver la zona con una venda sin excederse con la presión y se mantendrá así durante 24 horas, tras las cuales se valorará de nuevo su evolución. Si ya no sangra, no es necesario volver a vendar.

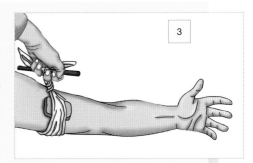

3 Si el sangrado es brutal e incontrolable simplemente con la presión de la zona, como en los casos de amputación o trituración de una extremidad, hay que plantearse el corte del riego sanguíneo a la zona afectada. La forma más sencilla de hacer esto es mediante un torniquete, una medida extrema que debe reservarse para las ocasiones en las que pensemos que el individuo va a desangrarse. Un torniquete se realiza con un trozo de tela y un palo para darle más fuerza, que se coloca en un punto entre la hemorragia y el corazón, generalmente el muslo o el brazo. El torniquete se va apretando hasta observar que la hemorragia cede y en ese momento se anuda y se fija. Cada 20 minutos se debe ir aflojando poco a poco, ya que si bien cortamos la hemorragia con esta medida, también dejamos sin riego a una extremidad que puede acabar por gangrenarse.

4 Una vez detenida la hemorragia o durante el traslado al hospital, la víctima debe permanecer tapada, tumbada boca arriba con las piernas levantadas y la cabeza ladeada. Si mantiene un buen estado de conciencia se le pueden dar líquidos de forma pausada, ya que surgirá sed intensa como mecanismo del cuerpo para recuperar el volumen perdido. Lo ideal sería dar suero oral o cualquier bebida isotónica.

## TRATAMIENTO DE LAS HEMORRAGIAS INTERNAS

Después de un traumatismo intenso, generalmente con desplazamiento de la persona de forma brusca o choque contra superficie dura (como una caída de gran altura) puede producirse una hemorragia interna. Aunque desde fuera quizás no apreciemos signos de gravedad, el sangrado interior progresa hasta desembocar en un estado de shock y de muerte si no se trata a tiempo. Por tanto, lo único que podemos hacer en las ocasiones en las que se produzcan estos golpes violentos es trasladar a la víctima al hospital, sobre todo si comienza a manifestar minutos después mareo, náuseas, sudoración fría, malestar general y obnubilación con descenso de la presión arterial.

Otro tipo de hemorragias internas son las provenientes del sistema digestivo y respiratorio, que podemos visualizar externamente cuando la sangre acaba siendo expulsada a través de la boca. Este tipo de sangrados son indicativos de una patología aguda o crónica de estos aparatos y debe ser consul-

Ante la sospecha de una hemorragia interna se debe acudir siempre al centro hospitalario.

tada siempre al médico, siendo sólo una urgencia cuando la cantidad expulsada sea exagerada o el individuo manifieste síntomas como los ya mencionados.

En cualquier caso, las medidas iniciales que debemos tomar en esta situación son la de acostar al afectado, elevar las piernas, cubrirle con una manta y en este caso no darle líquido alguno. Sólo los métodos avanzados de diagnóstico hospitalario como el TAC o la resonancia magnética nos permitirán detectar a ciencia cierta la existencia de la hemorragia interna y su gravedad.

## SANGRADO NASAL O EPISTAXIS

Se trata de un cuadro muy frecuente en el que se produce una hemorragia continua y difícil de frenar proveniente de las fosas nasales debida a dos tipos de circunstancias:

• Factores locales como traumatismos de la nariz o en general de la cara y la frente, manipulación de las fosas nasales o introducción de objetos por las mismas, sequedad ambiental, cambios de altitud o rinitis crónicas o alérgicas que predisponen a la mucosa nasal al sangrado. Existen sujetos predispuestos al sangrado por múltiples circunstancias, entre las que se incluye la fragilidad de los capilares de la mucosa nasal.

• Factores generales como enfermedades infecciosas del aparato respiratorio, tensión arterial elevada, ansiedad o estrés, alteraciones de la coagulación o tumores nasales.

## SANGRADO POR LOS OÍDOS U OTORRAGIA

El sangrado de un oído no debe ser tomado como un signo de gravedad si se produce de forma espontánea, aunque sí debe ser consultado al médico. Puede deberse a complicaciones infecciosas o presencia de heridas

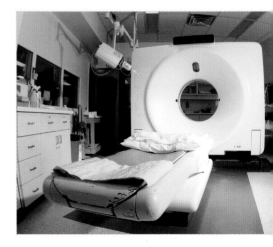

El TAC o resonancia magnética nos dirá si existe o no una hemorragia interna.

en el conducto auditivo. Tras un traumatismo acústico o barotrauma puede producirse un sangrado en principio no grave por causa de una perforación o rotura timpánica. Sin embargo, una otorragia secundaria a un traumatismo en la cabeza puede ser un signo de una fractura de la base del cráneo. En este caso es necesario siempre el traslado urgente de la víctima, siempre tumbado con la cabeza apoyada sobre el lado sangrante. En ningún caso se debe taponar un oído que sangra.

## MODOS DE ACTUACIÓN ANTE UN SANGRADO NASAL

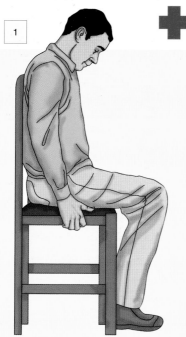

1 Sentar al individuo con la cabeza inclinada hacia delante y decirle que respire por la boca.

2 Localizar la fosa que sangra, tapar con el dedo la otra y hacer que expulse aire por la que sangra para que se trate de limpiar de coágulos o de cualquier objeto que pudiera haber.

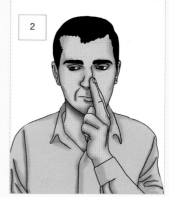

Comprimir con el dedo la fosa que sangra durante cinco o 10 minutos contra el tabique nasal; si no cesa el sangrado, repetir la maniobra otros 10 minutos.

Si persiste el sangrado hay que introducir un tapón de algodón impregnado en agua oxigenada o, mejor aún, en alguna de la sustancias vasoconstrictoras que se venden a tal efecto. Si se impregna enseguida y vuelve a rezumar se introduce más algodón sin quitar el previo.

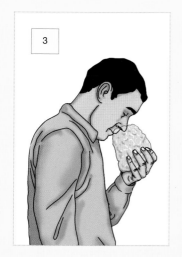

3 Aplicar hielo en bolsa doble sobre la parte superior de la nariz, entre las cejas, descansando a intervalos.

Si con todas estas medidas el sangrado cede, se debe retirar el taponamiento a las 24-48 horas. Si no cede y se prolonga más de media hora, debe ser derivado a un hospital.

# MORDEDURAS

## y picaduras

Las mordeduras y picaduras por animales suponen una de las causas más frecuentes de consulta urgente en los países en vías de desarrollo o subdesarrollados, mientras que en el primer mundo, de forma paralela al avance del urbanismo, son cada vez menos habituales, ya que en las ciudades ha cedido mucho la presencia de animales salvajes, éstos ya no se encuentran en contacto con el hombre y las mascotas suelen estar muy vigiladas desde el punto de vista veterinario. No obstante se calcula que cada año se producen casi cinco millones de mordeduras por animales en todo el mundo, siendo aún mucho mayor el número de picaduras de insectos.

Se trata en cualquier caso de una patología relativamente frecuente y aunque, si bien es banal en la mayor parte de los casos, el conocimiento de los diferentes tipos de lesiones que pueden ser producidas en el

cuerpo humano por el resto de seres vivos puede ser muy útil tanto en el ámbito domiciliario como en el profesional.

Cuando se produce una mordedura o picadura, o simplemente un arañazo, debemos atender siempre a cuatro aspectos principales:

• A la propia lesión producida sobre la piel, que será más o menos grave atendiendo a su extensión, su profundidad y las características tanto del causante de la lesión como del que la recibe. A este respecto, se puede consultar la gravedad de una herida en el capítulo anterior.

• A la infección que puede producirse como consecuencia de la ruptura de la barrera protectora de la piel, bien por gérmenes transportados por el propio animal causante, o bien por microorganismos externos o de la piel circundante que la afectan por causas de contigüidad. Entre un 15 y un 25% de las mordeduras se infectan produciendo de forma secundaria cua-

Las picaduras de los insectos constituyen una consulta hospitalaria más habitual que las mordeduras y arañazos.

infecciones derivadas de las mismas y el tratamiento de posibles envenenamientos secundarios y reacciones alérgicas graves.

Para comenzar con una buena explicación sobre los primeros auxilios que se deben aplicar en estos casos, vamos a comentar de forma general los pasos a seguir ante cualquier tipo de mordedura o picadura. A continuación nos referiremos de forma específica a las principales características y al tratamiento de las mordeduras y picaduras más habituales en nuestro medio, que incluyen desde animales superiores o vertebrados hasta insectos y peces, deteniéndonos en aquellos que son especialmente dañinos para el hombre o que de forma más habitual pueden atacarlo por vivir cerca.

No obstante, no debemos confiarnos, ya que nadie está del todo libre de ser atacado por un animal, incluso de los conocidos como salvajes o de los que viven en un hábitat muy alejado del hombre, ya que en unas inocentes vacaciones, al salir de excursión o ante los mismos animales domésticos nos podríamos ver totalmente desvalidos. Para que esto no nos sorprenda, es mejor aprender los protocolos de actuación antes de que la ocasión se presente.

dros potencialmente graves si no son tratados a tiempo.

• Al posible veneno o tóxicos que ciertos seres vivos puedan transmitir a través de su picadura o mordedura y que desencadenen, no sólo ya una reacción local, sino también una reacción sistémica o generalizada por todo el organismo y que atenta contra la vida de la persona.

• A la posible reacción alérgica que pudiera surgir en ciertos individuos sensibles a las sustancias, venenosas o no, introducidas por la agresión y que pueden agravar de forma considerable el cuadro.

Tras producirse la agresión nos encontramos entonces con un cuadro de sangrado, de inflamación, de dolor, de picor e incluso de malestar general que puede llegar al shock en los casos más graves. Por tanto, dependiendo de cada tipo concreto de lesión y de su causante, el tratamiento de las mordeduras y picaduras puede abarcar tres fases como son la limpieza y curación de la propia herida (que se tratará como cualquier otra), la prevención de las

MODOS DE ACTUACIÓN GENERAL ANTE LAS MORDEDURAS Y PICADURAS

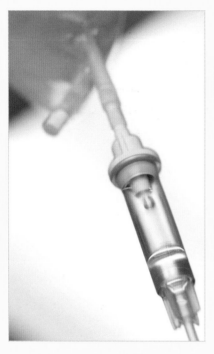

1 Realizar una valoración inicial de la gravedad del cuadro atendiendo tanto a las características de la herida producida (extensión, profundidad, etc.) como al estado general del individuo que la sufre (tanto previo como posterior a la lesión) y al tipo de animal concreto que se sabe o se sospecha que la ha producido. Se debe solicitar ayuda médica si por ante cualquiera de las tres circunstancias mencionadas pensamos que corre peligro la salud del afectado.

2 Desprender o retirar cualquier objeto o ropa cercanos a la herida que puedan comprimirla o dificultar su valoración y tratamiento. Recordar la hora exacta a la que se ha producido la lesión.

3 Si nos decidimos a proceder con la limpieza de la herida debemos asegurarnos primero de que contamos con el suficiente material necesario, esto es, gasas estériles, suero, desinfectantes tópicos (agua oxigenada, yodo, alcohol) y apósitos. Proceder después a la limpieza de la herida lavándola con abundante suero a chorro y eliminando los posibles cuerpos extraños que hayan podido quedar, incluyendo el aguijón de las picaduras. Cubrir la lesión con un apósito durante los primeros días repitiendo la cura de forma diaria.

4 La realización de torniquetes o de cualquier sistema de compresión alrededor de la herida sólo es necesaria en aquellos casos en los que tengamos la certeza de que la mordedura proviene de una serpiente o araña venenosa. Dicho torniquete sólo es eficaz si se realiza a los pocos segundos de la mordedura, puesto que el veneno se extiende por la sangre relativamente rápido. En ningún caso debe mantenerse un torniquete durante horas, puesto que la gangrena secundaria al mismo sería peor que el propio riesgo de envenenamiento.

5 No corresponde al profano la decisión de realizar o no la sutura de la herida, pero sí conviene recordar que por norma general las heridas por mordeduras no deben nunca coserse en un primer momento por el alto riesgo de infección que presentan. Tras unos días y viendo que la evolución de la herida es satisfactoria puede procederse a su sutura. En el caso de la cara, para evitar secuelas de tipo estético, se cosen de forma precoz las heridas asumiendo el riesgo.

6 Para evitar las posibles infecciones, se instaurará un tratamiento antibiótico profiláctico que se extienda normalmente durante una semana. Los antibióticos empleados normalmente son derivados de la penicilina como la cloxacilina y la amoxicilina con ácido clavulánico o de otros grupos, como por ejemplo el ciprofloxacino.

7 Si la persona no la tiene o si se duda de ello, se pondrá la vacuna del tétanos. Además en ciertos casos se controlará el riesgo de contraer la rabia.

8 Finalmente, pueden añadirse al tratamiento otros fármacos con diferentes objetivos, como analgésicos para el dolor, antiinflamatorios, antihistamínicos para el picor o corticoides para casos más graves con alergia o reacción generalizada del organismo.

PASO A PASO DE SUTURA

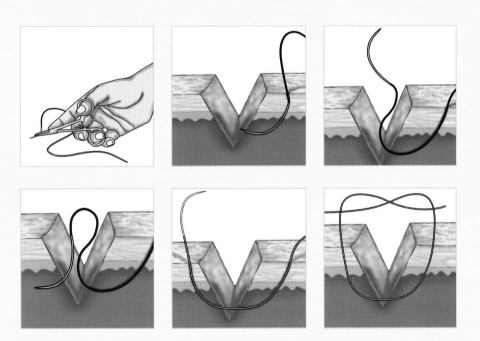

Aunque las suturas se deben llevar a cabo por un profesional, si el profano toma la decisión de realizarla puede evitar secuelas de tipo estético posteriores al coser la herida de forma precoz.

## MORDEDURAS DE PERROS

Más de las tres cuartas partes de todos los casos de mordeduras son debidos a estos animales. En la mayoría de los casos se trata del propio perro de la víctima o de uno conocido. La zona donde se localizan las mordeduras con mayor frecuencia son las extremidades inferiores. Es conveniente tomar medidas preventivas ante la presencia de cualquier animal. Si tenemos un perro o un gato, debemos llevarlo con bozal y correa para evitar que pueda atacar a otras personas y nunca podremos fiarnos ciegamente, ya que por mucho cariño y confianza que se les tenga, el comportamiento de un animal es siempre imprevisible. Nunca debe permitirse que los niños se acerquen a jugar o a molestar a perros o gatos desconocidos, especialmente si los primeros son de razas consideradas como peligrosas (perros de presa, por ejemplo).

De forma característica, las mordeduras de perro que se infectan comienzan con un dolor intenso de la zona, una inflamación y una secreción purulenta. En el caso de que la lesión sea muy profunda o en una región muy vascularizada, el cuadro puede progresar rápidamente hacia fiebre con adenopatías; es decir, aumento del tamaño de los ganglios linfáticos, y en general síntomas de que la infección se ha extendido. Los gérmenes que transmiten con más frecuencia los perros son múltiples, destacando diversos tipos de estreptococos y estafilococos y otros como la *Pasteurella* o *Actinomyces*. En algunas ocasiones se transmiten gérmenes raros como el *C. canimorsus* que ponen en riesgo realmente la vida del individuo al producir un cuadro de sepsis fulminante.

El procedimiento a seguir ante una mordedura de perro es el anteriormente comentado como norma general ante las mordeduras, pero teniendo en cuenta los siguientes comentarios:

Si se tienen niños, más frágiles y expuestos a los ataques de un perro, se debe escoger una raza mansa, un perro tranquilo y a ser posible de pequeño tamaño para que viva en la casa.

• La vacunación antitetánica es imprescindible; en caso de que se esté correctamente vacunado con las tres dosis correspondientes, es necesaria una dosis que actuará como recuerdo si hace más de cinco años de que la primera se realizara y una revacunación completa si ya han transcurrido 10 años.

• Los individuos afectos por enfermedades crónicas graves o con descensos en la capacidad inmune deben ser muy especialmente vigilados durante los primeros días tras la mordedura por su mayor riesgo para desarrollar complicaciones.

• Junto con la limpieza de la herida, que no debe cerrarse con sutura, se administrará amoxicilina y ácido clavulánico a dosis altas durante ocho días. Otros antibióticos también pueden ser válidos.

• Se vigilará de forma especial ante el riesgo de la aparición de rabia en aquellas mordeduras o simplemente arañazos donde no se conozca el estado de vacunación del perro o sea dudoso. Dado que la rabia puede ser transmitida por diversos animales además del perro, se comentará más adelante dentro de este capítulo en un apartado propio.

## MORDEDURAS Y ARAÑAZOS DE GATO

Aunque son bastante menos frecuentes que las de perro, las mordeduras de gato, por el contrario, se infectan con mucha mayor facilidad, aproximadamente en la mitad de los casos en los que ocurre. Esto se debe en parte a que los felinos poseen unos colmi-

Los dientes de los pequeños felinos son por norma general mucho más agudos que los de los perros, de manera que, aunque parezcan menos peligrosos, su mordedura causa más infecciones.

llos más agudos y afilados que penetran más profundamente en la piel aunque apliquen menos fuerza en la mordedura. El germen implicado en la mayoría de los casos es la *Pasteurella,* que es un componente normal de la flora bacteriana que habita en la boca en estos animales.

La penetración de este germen o de otros similares produce un cuadro de inflamación intensa y secreción purulenta en cuestión de pocas horas. Cuando las mordeduras se producen cerca de una articulación, por ejemplo en la mano y los dedos, el cuadro se puede complicar con gran facilidad en artritis séptica y osteomielitis. Debemos recordar que la mordedura de gato también puede ser responsable de la transmisión de otras enfermedades como la rabia y el tétanos, por lo que habrá que prevenir con las correspondientes vacunas.

El tratamiento ante las mordeduras y arañazos provocados por gatos incluye la limpieza de la herida como ya sabemos, a lo que se le añaden tanto la toma de antibióticos como la correspondiente vacunación antitetánica, siendo en líneas generales el procedimiento a seguir similar a las mordeduras producidas por el perro.

De forma habitual de producen arañazos por gatos principalmente en las manos y brazos, sobre todo en los niños, que suelen jugar con ellos, siendo conocido que estos animales no suelen tener un carácter

Si tenemos un gato doméstico, debemos cuidar la salud y limpieza de su pelo para evitar que en un arañazo accidental nos pueda transmitir la bacteria *Bartonella henselae.*

demasiado paciente ni suave. Aunque un arañazo de gato pueda parecer un hecho banal, se describen con frecuencia cuadros infecciosos asociados al mismo, debidos a la transmisión de una bacteria que se llama *Bartonella henselae.* Esta bacteria la transmiten gatos infectados por la misma, que a su vez se transmite de gato a gato a través de las pulgas que estos animales suelen tener entre el pelo, sobre todo si son callejeros.

Es una infección que se caracteriza por producir un cuadro de debilidad generalizada, con falta de apetito y aumento o hinchazón visible de los ganglios linfáticos situados cerca del punto del arañazo, donde persiste una costra durante mucho tiempo. El cuadro puede extenderse muchos meses simulando un problema grave linfático, si bien en casi la totalidad de los casos se resuelve espontáneamente sin tratamiento alguno.

Ante un arañazo de gato debemos reaccionar con la limpieza de la herida con los antisépticos habituales, como se puede ver en el cuadro de la página siguiente. En el caso de que el animal causante viva en la calle, sospechemos que tiene pulgas, haya habido otros casos en la comunidad o suceda en los meses de verano, tendremos que completar la limpieza de la herida con la toma de un antibiótico, como por ejemplo la azitromicina durante cinco días o el ciprofloxacino durante siete días. Por lo demás, simplemente tomaremos la medida preventiva de no acercarnos a animales desconocidos.

## MORDEDURAS POR HUMANOS

La flora bucal de los seres humanos es mucho más rica y variada que la de la mayoría del resto de los seres vivos. De ahí se comprende que cuando se produce una mordedura de un humano a otro, el riesgo de transmisión de algún tipo de infección es mucho mayor. Dicha flora está formada por todo tipo de estreptococos y estafilococos y otros como Haemophylus influenzae, Prevotella y Fusobacterium nucleatum.

Se distinguen dos formas concretas de mordedura como son:

• Lesiones por verdadera mordedura, es decir, por atrapamiento voluntario o no entre las mandíbulas de una parte del cuerpo de otro ser humano.

• Lesiones de puño cerrado, producidas por el golpeo de la mano contra la dentadura de otro individuo produciéndose una herida.

En el segundo caso el riesgo de infección es aún mayor por la penetración más profunda de los gérmenes y por los movimientos de la mano que favorecen la progresión de los mismos.

Cualquier tipo de mordedura humana debe ser consultada al médico una vez realizada la limpieza de la misma, con el fin de mantenerla bajo vigilancia y evitar complicaciones. De hecho, la mayor parte de las heridas de este tipo se consultan tarde o se ocultan parcialmente por miedo o vergüenza. Como en otros casos, el empleo de antibióticos desde el momento inicial es imprescindible.

### LIMPIEZA GENERAL DE UNA HERIDA CAUSADA POR MORDEDURA

1 Limpieza de una herida con suero a chorro o con agua y jabón.

2 Aplicación de algún tipo de antiséptico con una gasa estéril.

3 Se cubrirá la herida con un apósito.

## TRANSMISIÓN DE LA RABIA

La rabia es una enfermedad infecciosa aguda del sistema nervioso que se propaga por mordedura o arañazo de ciertos animales, siendo más conocido y habitual el perro, pero también otros como el gato, el zorro, el lobo, la mofeta, el mono o los murciélagos, si bien es cierto que en las ciudades éstos últimos no son animales muy frecuentes. Se producen más de 20.000 casos al año de transmisión de la rabia, si bien se comunican a las autoridades sanitarias una pequeña parte de los mismos al producirse en regiones selváticas o con escasos recursos médicos. La vacunación masiva de los animales domésticos ha disminuido de

Los lobos que suelen habitar las zonas altas y escarpadas hacen a veces incursiones en las aldeas para atacar al ganado o buscar comida. En esas ocasiones pueden morder a los humanos o a otros animales, como los perros pastores, y convertirse en transmisores de la rabia.

forma espectacular el número de casos de rabia en humanos.

Está producida por un virus de la familia de los *Rhabdoviridae,* que ataca con gran facilidad al sistema nervioso del receptor y se acumula en sus glándulas salivales, por lo que al poco tiempo de recibir el virus ya se ve capaz de transmitirlo de nuevo mediante otra mordedura. El tiempo de incubación de la enfermedad es muy largo, hasta de tres meses normalmente, por lo que en ocasiones la dificultad surge en tratar de relacionar el cuadro clínico con la mordedura. Cuando las mordeduras se producen en la cara o en regiones cercanas al cerebro el desarrollo de la enfermedad es mucho más rápido. Los principales síntomas que presentan, siempre de forma progresiva, los individuos que contraen esta enfermedad son:

• Estado inicial, o pródromos que avisan de la enfermedad, que dura uno o dos días y que se caracteriza por fiebre, malestar general con náuseas y vómitos, fuerte cefalea y de forma característica un cambio del humor, depresión, temor y ansiedad. Resultan muy importantes en esta primera fase la existencia de signos como el dolor, los calambres y el adormecimiento en la zona donde se produjo la mordedura, ya cicatrizada y casi desaparecida, pues todo esto orienta hacia la patología de la rabia.

• El periodo siguiente, llamado de excitación, dura otros dos o tres días y se caracteriza por la presencia de espasmos musculares, una salivación excesiva y accesos de furor incontrolado desencadenados por estímulos leves o por el contacto directo con el agua, que se alternan con periodos de normalidad con lucidez conservada y aparente tranquilidad. La fiebre se dispara hasta los 41 ºC.

• Finalmente, se llega al periodo paralítico, que es de breve duración y de evolución fatal. Se caracteriza por la parálisis progresiva y veloz de toda la musculatura del cuerpo hasta que sobreviene la muerte, generalmente causada por una parada respiratoria.

En principio, se puede decir que la rabia es una enfermedad mortal en todos los casos, si bien existe la esperanza de que con los cuidados intensivos que hoy en día se pueden mantener en los hospitales avanzados ya se han conseguido algunos casos de supervivencia y sobre todo se logren muchos más gracias a los avances en investigación. La limpieza de la herida inmediatamente después de producirse, con alcohol o con yodo, y la inmunización frente a la enfermedad por medio de la vacuna son en realidad las únicas medidas que pueden prevenir las complicaciones graves, aunque no siempre el desarrollo, aunque sea de un modo parcial, de la enfermedad.

Como norma general, debemos consultar y vigilar siempre una herida por mordedura de un animal y proceder a su limpieza inmediata. Si se trata de un animal salvaje, se iniciarán de inmediato las vacunaciones correspondientes y si es uno doméstico se comprobará la cartilla de vacunación del mismo. Huelga decir que los propietarios de algún animal deben mantenerlo en perfectas condiciones veterinarias, pues además de las consecuencias para la salud, si ocurre un accidente se puede denunciar al dueño por responsabilidad civil.

Otros animales, como los zorros y los murciélagos, también transmiten la rabia. Estos últimos causan estragos en Australia y América del Sur, donde la transmiten por mordeduras, arañazos e incluso lametazos sobre una herida cutánea.

### RECOMENDACIONES PARA PREVENIR LA RABIA

**1** Los niños nunca deben tocar ni acercarse a los animales desconocidos. En cuanto a las mascotas, jugarán con ellas de manera prudente y con la vigilancia de los adultos.

**2** Ante una mordedura, se debe lavar bien la herida y acudir inmediatamente a un centro hospitalario si existe la sospecha de la enfermedad.

**3** Hay que vacunar a las mascotas y avisar a las autoridades competentes si se observa a algún animal callejero con indicios de estar rabioso.

**4** En los lugares donde existen murciélagos, hay que tener las puertas y ventanas cerradas.

La moda de adquirir una mascota especial, proveniente de especies de animales salvajes o exóticos, como los monos de regiones tropicales, puede ser un foco de transmisión de la rabia. En estos casos, los propietarios deben extremar las precauciones con medidas como su propia vacunación y, por supuesto, la del animal.

Aunque no existen datos fiables, se cree que la rabia mata de 50.000 a 70.000 personas cada año, siendo endémica en Asia y en África. Allí los murciélagos son frecuentes y es mucho más difícil detectar si se ha producido o no una mordedura, ya que a veces la efectúan mientras la víctima duerme y resulta tan minúscula que casi no se ve. De este modo, muchas personas resultan infectadas sin saber siquiera que están expuestas al peligro.

## MORDEDURA DE SERPIENTE

La mordedura de serpiente supone el envenenamiento producido por animales más frecuente en todo el mundo, aunque sean las regiones tropicales donde se producen la mayoría de estos accidentes. No obstante, ninguna región de la tierra está libre en mayor o menor medida de la presencia de serpientes venenosas siempre fuera de los núcleos urbanos. No existe un cálculo muy exacto en cuanto a la incidencia de estas lesiones, pero se piensa que el número de mordeduras alcanza el millón cada año, con unos 30.000 o 40.000 fallecidos por esta causa en este mismo periodo de tiempo. En la península ibérica son las víboras las serpientes venenosas más frecuentes, especialmente en pedregales, teniendo como principal característica la emisión de un silbido muy típico antes de atacar. Su veneno es especialmente peligroso.

Las serpientes cuentan con unas glándulas especiales que fabrican y almacenan veneno como sistema defensivo y que se conectan con los colmillos para ser introducido en la víctima durante la mordedura. No todas las picaduras de serpiente suponen siempre la introducción de veneno, de hecho, hasta en un 20-30% de los episodios no se transmite el mismo.

No es sencillo distinguir las especies de serpientes venenosas del resto si no se está especialmente familiarizado con el tema. Las serpientes de cabeza triangular con colmillos maxilares grandes y pupilas de forma ovoide nos deben hacer ya desconfiar aún más. El color de la misma no es buen referente por la variabilidad de éste y el cierto poder de camuflaje que pueden poseer los ofidios. El veneno de las serpientes es una mezcla compleja de proteínas que tiene poderes coagulantes, hemolíticos, neurotóxicos y prohemorrágicos que desencadenan un cuadro complejo en el que se manifiestan de forma simultánea situaciones muy graves como hemorragias internas, formación de trombos en las principales arterias, parálisis muscular y fallo multiorgánico que determina finalmente la muerte. En general, sólo hay dos tipos de venenos: el neurotóxico, que afecta al sistema nervioso, y el hemotóxico, que daña el sistema circulatorio. Por ejemplo, una cobra tiene un veneno neurotóxico y una serpiente de cascabel, en cambio, lo segrega hemotóxico. En cualquier caso, ambos son peligrosos para el ser humano.

En cada caso de mordedura de serpiente y atendiendo a diversos condicionantes, como la especie concreta causante, la protección de la ropa o simplemente la

No es fácil distinguir la peligrosidad de las serpientes por su colorido o su aspecto externo, lo mejor es desconfiar siempre ante una mordedura y acudir cuanto antes al centro sanitario.

## MODOS DE ACTUACIÓN ANTE UNA PICADURA DE SERPIENTE

1 Hay que alejar al sujeto del lugar de la picadura para evitar nuevos accidentes, al tiempo que vigilamos también nuestra integridad. Es recomendable intentar fijarse en las principales características de la serpiente, o si se la mata, trasladarla junto con el afectado posteriormente.

Se debe colocar al afectado en posición de reposo, sobre todo de la zona de la mordedura, para evitar que con el movimiento se pueda diseminar con más facilidad el veneno.

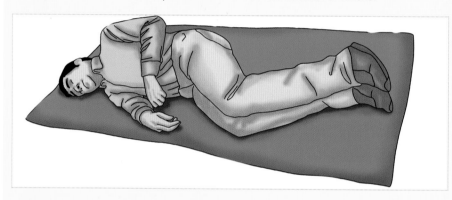

1

suerte, se produce una entrada exacta de veneno. Según esta cantidad, las condiciones físicas del individuo y su envergadura, o el tiempo transcurrido hasta el comienzo del tratamiento, se producirá una evolución diferente con un pronóstico concreto. La mortalidad de las mordeduras de serpiente apenas llega al 1% cuando se trata dentro de un periodo de tiempo razonable y en ningún caso va más allá del 20%, pese a que no se reciba tratamiento alguno y se trate de una especie muy venenosa, de manera que aunque es un miedo irracional en el ser humano, no debe preocuparnos.

Cualquier mordedura de serpiente exige tan pronto como sea posible el traslado a un hospital o centro médico con el fin de vigilar las constantes vitales del individuo, identificar el veneno introducido y aplicar su correspondiente antídoto.

Sin llegar a poner en riesgo nuestra integridad, es recomendable tratar de matar a la serpiente que ha causado la mordedura y llevar el cuerpo a las autoridades sanitarias junto con el herido.

2  Si se disponen de mecanismos de succión como un sacaleches o cualquier tipo de extractor al vacío, debe aplicarse sobre la lesión con el fin de eliminar la mayor parte posible del veneno. Esta operación sólo es útil si se realiza antes de que pasen 15 minutos desde la mordedura y debe mantenerse durante 30 más o hasta la llegada al hospital. La succión con la boca no es muy recomendable si existe un medio alternativo, tanto por el riesgo de que aspiremos veneno, como por la infestación de la herida que podemos realizar con los gérmenes de nuestra boca.

3  Se procede después a colocar una banda de tela ancha de forma transversal en la región anterior a la herida, pero no como si fuera un torniquete, sino comprimiendo lo justo para permitir el flujo sanguíneo. Esta medida sólo es necesaria si el traslado al hospital se va a demorar más de una hora.

4  Finalmente se debe proceder a inmovilizar la extremidad afecta entablillándola con un vendaje y cualquier objeto plano y largo que sirva de férula.

5  Existen dudas hoy en día sobre si se deben realizar cortes o incisiones entre las marcas de los colmillos para favorecer la aspiración del veneno por los métodos antes comentados. Algunos autores desaconsejan en cualquier caso añadir más cortes o lesiones a las ya existentes, así como enfriar con agua la lesión o administrar bebidas alcohólicas.

## PICADURAS DE AVISPAS Y ABEJAS

Algunos insectos pertenecientes al orden de los himenópteros poseen aguijones defensivos que pueden transmitir venenos de diferentes tipos y características. Si bien asumimos que una picadura de estos insectos puede complicarse en ciertos individuos, podemos afirmar que en la práctica totalidad de los casos el cuadro clínico secundario a la misma no deja de ser leve o banal. Tal es así, que las escasas muertes que se producen al año en todo el mundo por esta circunstancia no se deben a la acción tóxica del veneno, sino a la reacción anafiláctica, o alérgica grave, que produce en ciertos individuos con predisposición. Comentaremos las características de la picadura por ambos insectos, avispas y abejas, de forma separada.

No se debe tocar un panal a menos que se tenga ropa
específica para protegerse de las picaduras.
La mordedura de una sola abeja no suele ser dañina,
pero a partir de 30, puede causar la muerte.

• La avispa vive en regiones templadas
no urbanas cerca de asentamientos humanos, ya que se alimenta principalmente de
la basura o de la carne en descomposición.
Es especialmente molesta en los meses finales del verano y en el otoño. Sólo pica para
defenderse ella misma o a su nido y como
no muere tras la picadura, puede realizar
varias más.

• La abeja y el abejorro tampoco atacan
normalmente al ser humano, sobre todo
este último, salvo que se sientan agredidas
y lo hagan en masa. A partir de 30 picadu-

MODOS DE ACTUACIÓN ANTE LA
PICADURA DE AVISPAS Y ABEJAS

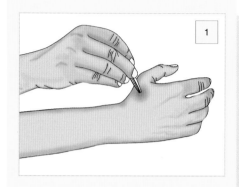

1 Retirada de los aguijones o restos con
unas pinzas lo más limpias posible,
o realizando un raspado muy cuidadoso con
otro objeto similar. Se hará con delicadeza,
pues la picadura estará hinchada y tocarla
resulta doloroso.

2 Desinfección y limpieza de la herida. Es
especialmente útil el empleo de
amoniaco para neutralizar el veneno que es
de naturaleza ácida.

3 Aplicación de hielo sobre la picadura para impedir la diseminación del veneno y para aliviar el dolor y la hinchazón.

4 Elevación del miembro afecto para favorecer la circulación sanguínea.

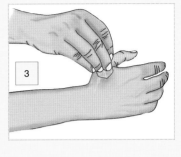

3

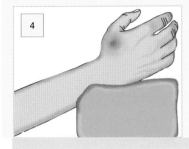

4

5 Administración de antihistamínicos orales, antiinflamatorios y corticoides intramusculares si la reacción local adquiere un gran tamaño. Es recomendable que, si esto ocurre, sea revisado por el personal sanitario.

ras simultáneas el riesgo de muerte es muy elevado. Como el aguijón de las abejas tiene forma de arpón, no puede ser extraído por la misma tras la picadura, por lo que suele morir al desgarrarse su interior tratando de desprenderse.

El veneno de los himenópteros es bastante complejo y mezcla enzimas, neurotransmisores y toxinas de diversos tipos.

La picadura produce síntomas como dolor local, picor, inflamación y enrojecimiento. En algunos casos puede surgir malestar general con náuseas y vómitos. Como decíamos con anterioridad, el mayor riesgo de las picaduras consiste en la aparición de una reacción alérgica descomunal que produzca un shock anafiláctico y la muerte, cosa que no es por cierto nada frecuente.

El tratamiento básico de este tipo de cuadros se describe en los apéndices finales del libro. Sólo en los casos en los que se sospeche el inicio de este cuadro o en indi-

viduos con antecedentes en este sentido, se hace necesario un traslado al centro médico para su tratamiento.

Las personas sensibles a los venenos de estos insectos deben llevar protección especial en verano en cuanto a ropa que les cubra brazos y piernas y un pequeño botiquín que incluya corticoides, antihistamínicos o incluso adrenalina.

## PICADURAS DE ARAÑAS

Sólo unas pocas decenas de todas las arañas existentes pueden ser peligrosas para el hombre a través de su picadura.

El tratamiento general de las picaduras de araña consiste en la limpieza de la herida, colocación de apósitos estériles, aplicación de hielo y elevación del miembro afecto para tratar de evitar el edema.

Aparte de estas medidas, se suelen administrar antihistamínicos para el picor, relajantes musculares y profilaxis con anti-

## TIPOS DE ARAÑAS MÁS CONOCIDAS

Aunque sólo unas decenas de arañas de todas las existentes son peligrosas para el hombre, es recomendable un control médico de sus picaduras.

- LA ARAÑA VIUDA O NEGRA: con su característica marca en el vientre a modo de reloj de arena y su costumbre de comerse al varón tras la cópula. Su picadura transmite un veneno neurotóxico que tras un periodo corto de tiempo comienza a propagarse y a generar un cuadro de malestar general, calambres y espasmos, dolor por todo el cuerpo, náuseas y ansiedad. En el 5% de los casos el cuadro evoluciona fatalmente hacia la muerte por parada cardiorrespiratoria.

- LA ARAÑA RECLUSA O MARRÓN: con un dibujo típico en forma de violín sobre la parte dorsal de su tronco. Como casi todas las arañas, sólo ataca al hombre si se siente acorralada o en peligro. Su picadura produce picor y dolor local que puede extenderse al resto del cuerpo por la acción de su veneno, junto con síntomas como fiebre, afectación renal y de la coagulación. Hasta en un 30% de los casos, pese a realizar el tratamiento apropiado, se llega a un cuadro de coma profundo y posterior muerte, especialmente en niños y ancianos.

- LA TARÁNTULA O ARAÑA LOBO: es posiblemente la araña más conocida y más injustamente temida en todo el mundo. Su picadura no es ni mucho menos mortal, salvo casos extremos de reiteración en la picadura o enfermedad grave previa del individuo. Produce un cuadro de dolor leve, febrícula, náuseas y cefalea.

bióticos y vacuna del tétanos. En el caso de la viuda negra es necesario un control más estricto de la tensión arterial o incluso de fármacos antihipertensivos. Existen antídotos especiales que se reservan para casos especialmente graves, puesto que son tratamientos fuertes que tienen sus propios riesgos y efectos secundarios.

En cualquier caso es recomendable el control médico especializado tras este tipo de picaduras.

## LESIONES POR ANIMALES MARINOS

Diversos animales vertebrados e invertebrados que habitan en los mares y los ríos pueden ser responsables de diferentes tipos de lesiones accidentales, sobre todo en periodos vacacionales. Es frecuente encontrar casos de eccemas causados por medusas y otros animales, por lo que conviene conocer sus especies, su forma de atacar al organismo y cómo protegerse de ellos.

 ### MODOS DE ACTUACIÓN ANTE LESIONES PRODUCIDAS POR ANIMALES MARINOS

1 Tratar de identificar al animal causante de la lesión para facilitar su tratamiento posterior y establecer el riesgo de complicaciones.

2 Proceder a la limpieza de la herida con suero salino o agua fría para arrastrar la suciedad adherida e impedir el avance del veneno. En el caso de las medusas debe aplicarse siempre vinagre.

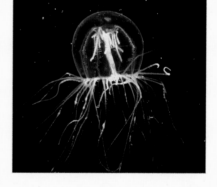

3 Someter la zona lesionada a un baño de agua caliente entre 40 y 45 ºC durante una hora o hasta que se produzca un alivio del dolor. El objetivo es destruir con altas temperaturas algunas de las posibles toxinas introducidas. Esta medida se reserva para picaduras por peces especialmente dañinos o cuando el dolor es muy intenso.

4 Administrar relajantes y analgésicos al individuo, que debe ser colocado en reposo con el miembro afecto elevado hasta su traslado al hospital. Si esto último no va a ser posible en unas horas nos veremos obligados a abrir la herida con el fin de extraer todas las posibles púas o espinas que hayan quedado dentro y limpiar con suero o yodo el interior. La hemorragia posterior se controla mediante compresión posterior.

5 Se deben administrar tanto la vacuna antitetánica como antibióticos de forma profiláctica. Sólo existen antídotos para el pez piedra y el pez escorpión, por lo que para el resto de picaduras el medio hospitalario sólo puede ofrecer un control de las constantes vitales. Las heridas de este tipo deben cerrarse por sí solas y no mediante sutura.

## Tipos de animales marinos causantes de lesiones

- **Peces escorpión**: denominados como cabracho, escorpina o gallinetas entre otros nombres. Su veneno se transmite con el roce de su aleta dorsal y caudal y produce un cuadro de picor, inflamación y posible infección posterior, que sin embargo suele ser leve.

- **Peces piedra**: llamados así por ser similares a una roca coralina, por lo que suelen pasar desapercibidos y se pisan con gran facilidad. El veneno que contienen en sus púas es muy potente y actúa de forma inmediata, pudiendo producir una parálisis de los músculos que ahogue al bañista al impedirle nadar. Suele requerir un traslado inmediato al hospital, puesto que su picadura se asocia a grandes índices de mortalidad.

- **Peces víbora**: son muy frecuentes en las aguas europeas, donde se ocultan bajo la arena del fondo del mar y por ello también pueden ser pisados. El veneno provoca un dolor intenso inmediato y una parálisis progresiva del miembro que puede desembocar en gangrena y amputación del mismo si no se acude al hospital con prontitud.

- **Medusas y anémonas de mar**: comparten un mismo sistema venenoso consistente en unas células en aguijón llamadas nematoquistes y que estos animales usan para defenderse y para capturar otros animales con los que alimentarse. El contacto de estas células sobre la piel humana produce un prurito y quemazón inmediata junto con dolor y adormecimiento del miembro afectado. Si no se toman medidas de limpieza de forma rápida, el veneno puede extenderse por todo el organismo y tener consecuencias funestas, aunque en general suelen tener un pronóstico leve. Una medida preventiva consiste en que cualquier bañista o pescador que las vea, dé aviso a las autoridades.

- **Erizos marinos venenosos**: poseen espinas calcificadas cuyo contacto produce de forma inmediata picor y dolor intenso. El mayor problema surge cuando las espinas se clavan tan profundamente que no pueden extraerse con facilidad y siguen soltando veneno.

• RAYA DE MAR: si bien no suele ser venenosa, la variedad conocida como montellina, propia del Mediterráneo, sí que lo es. Transmiten un veneno neurotóxico mediante un aguijón de la cola, que produce una herida sangrante y dolorosa que puede permanecer hasta 48 horas. Si el veneno progresa pueden aparecer otros síntomas como náuseas y vómitos, diarrea y síncope por caída de la tensión arterial y trastorno del ritmo cardíaco.

## ANIMALES PELIGROSOS

- ANIMALES QUE PUEDEN ATACARNOS POR MORDISCOS Y ARAÑAZOS: perros, gatos y casi todos los tipos de animales salvajes. Si la lesión no reviste gravedad, debe limpiarse con antisépticos y cubrirse como cualquier otra herida. En caso de mordiscos profundos o con infección, se debe acudir a la consulta médica.

- ANIMALES QUE PUEDEN TRANSMITIR LA RABIA: perros, gatos, lobos, zorros, murciélagos, monos y algún otro animal salvaje. Sólo se puede tratar con la correspondiente vacuna y con prevenciones como no acercarse a esos animales.

- ANIMALES QUE PUEDEN TRANSMITIR VENENO CON SU PICADURA O SU MORDEDURA: el peligro que tienen es tanto de envenenamiento, como de reacciones alérgicas adversas, y son: serpientes, avispas, abejas y arañas. Los aguijones de los insectos deben ser extraídos y la herida tratada como cualquier otra. En el caso de las serpientes y cuando sucede un cuadro alérgico, se debe acudir a un centro hospitalario cuanto antes.

- ANIMALES QUE PUEDEN OCASIONAR LESIONES CUTÁNEAS: peces marinos, medusas, anémonas, erizos y rayas. Se limpiará la herida (si es por una medusa, con vinagre) y se administrarán tanto la vacuna antitetánica como los antibióticos y analgésicos que el personal médico considere necesarios en cada caso concreto.

# APÉNDICES

# APÉNDICES

- REANIMACIÓN CARDIOVASCULAR
- REACCIONES ALÉRGICAS
- ALTERACIONES DE LA TENSIÓN
- ALTERACIONES DE LA GLUCOSA

# Reanimación

## cardiovascular

Como hemos comprobado a lo largo de este libro, en muchas ocasiones y como consecuencia de una enfermedad grave, un traumatismo o una intoxicación, se puede llegar como punto final a una parada cardiorrespiratoria. Se define como la interrupción brusca, inesperada y potencialmente reversible de la respiración y de la circulación espontánea. Se trata de una complicación gravísima de la que en muy pocas ocasiones el individuo que la sufre se recupera sin ayuda, siendo entonces la muerte posterior inevitable.

Distinguimos por tanto entre un individuo con parada cardiorrespiratoria y un individuo muerto, simplemente por el tiempo transcurrido desde la primera, si es que lo podemos saber con certeza. De ahí que en principio cualquier sujeto encontrado en esta situación debe ser objeto de un intento de reanimación, sobre todo si desconocemos las causas que le han llevado a la misma. Cuando los signos externos evidencian de forma clara que el individuo está muerto o la reanimación es ineficaz durante un tiempo suficiente, se podrá decir que se ha producido el fallecimiento.

Del mismo modo que, sin recibir tratamiento, una parada tiene muy mal pronóstico, hay que decir por el contrario que con una correcta reanimación se producen un buen número de resucitaciones. De ahí que las maniobras básicas a tal efecto deberían ser conocidas por toda la población, ya que salvaría vidas, sobre todo si tenemos en cuenta que los primeros minutos tras la parada son fundamentales para el pronóstico de la misma.

Es muy importante conocer la mecánica a seguir ante este tipo de situaciones, lo que se denomina «cadena de supervivencia» o sucesión de actos que deben seguirse de forma ordenada ante una situación de este tipo, con el fin de proporcionar el mejor tratamiento posible a los afectados. De forma esquemática vamos a recordar cuáles son estos pasos a seguir, para finalizar con la descripción de las maniobras de resucitación cardiopulmonar:

1. Para empezar, debemos comprobar que el individuo y nosotros mismos no corremos más peligros añadidos, lo que quiere decir, que el causante externo, si lo hubiere, no sigue presente. Al decir esto nos referimos a que hay que apartar a la víctima del lugar del suceso si entraña algún riesgo, como por ejemplo el agua, las cercanías de un incendio, una posible corriente eléctrica, una carretera o cualquier sitio inadecuado para tratarle posteriormente.

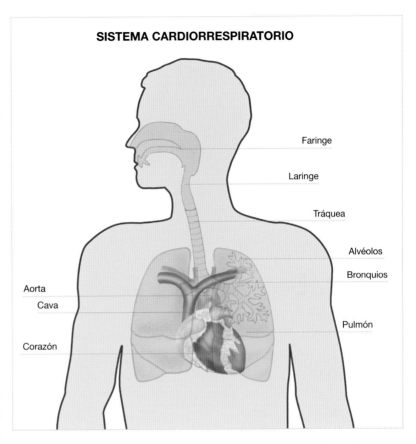

**SISTEMA CARDIORRESPIRATORIO**

Faringe
Laringe
Tráquea
Alvéolos
Bronquios
Pulmón
Aorta
Cava
Corazón

En una parada cardiorrespiratoria, el corazón interrumpe su capacidad de bombeo, se deja de respirar y se produce una pérdida de conocimiento. Esta situación es reversible si se aplican enseguida las técnicas de reanimación.

2. El segundo paso es solicitar ayuda a las personas cercanas y a los servicios de emergencias, relatándoles con la mayor precisión posible la situación, el número de víctimas y el estado de las mismas. Entre la primera ayuda que llega se debe identificar de manera razonable al más preparado para realizar o dirigir la atención urgente a la víctima, separando a todas aquellas personas que no puedan ayudar, sobre todo si son presa de los nervios.

3. A partir de este momento comprobaremos el estado del individuo. Lo primero es determinar si está o no consciente, para lo que trataremos de estimularle tanto verbalmente, como moviendo sus hombros con suavidad, viendo si presenta flacidez al moverle los brazos. Si está consciente, le colocaremos en la posición de seguridad que debemos aprender: primero lo tumbaremos boca arriba, flexionaremos el brazo y la pierna que vayan a quedar en la parte interna haciendo un ángulo recto y lo giraremos hasta tumbarlo sobre un costado, colocando la mano externa bajo la mejilla

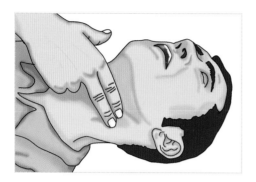

Hay que comprobar el pulso para saber si se ha producido una parada cardiorrrespiratoria. Se puede hacer en el cuello o en la muñeca.

que se apoya en el suelo. Después le abrigaremos, buscaremos signos de hemorragias y en general procederemos de forma cauta y vigilante hasta la llegada del personal sanitario; no puede haber parada cardiorrespi-

ratoria con consciencia mantenida, aunque esté obnubilada o débil. Si no está consciente proseguiremos con el protocolo.

4. Tenemos que discernir ahora si el individuo simplemente ha perdido la consciencia o sufre una parada cardiorrespiratoria. Para ello comprobaremos si respira (buscando movimientos en el tórax, acercando nuestra mejilla a su nariz) y si tiene pulso, bien en el cuello un poco más arriba y hacia fuera de la nuez o bien en la muñeca hacia su borde externo. Si ambas circunstancias están mantenidas, volveremos a la posición de seguridad en decúbito lateral ya mencionada anteriormente y vigilaremos sus constantes cada poco tiempo hasta la llegada de la ayuda especializada. En ningún caso se le debe dar bebida o comida alguna hasta que la recuperación de la consciencia sea aceptable.

5. Si no detectamos respiración, pero sí pulso sanguíneo, tenemos que comprobar que la vía aérea no se encuentra obstruida explorando la boca y extrayendo cualquier cuerpo extraño presente. Si continúa sin respirar hay que comenzar sin dilación con la respiración artificial boca a boca hasta

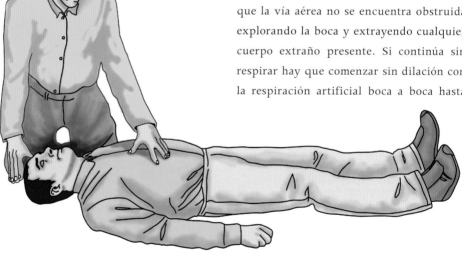

Para comprobar si la víctima respira o no, se puede buscar el típico movimiento de subida y de bajada del tórax. Aunque sea muy imperceptible, si existe, está produciéndose el acto respiratorio.

## RESPIRACIÓN ARTIFICIAL PASO A PASO

Una vez que nos hemos situado de rodillas, perpendicularmente a la cabeza de la víctima, procederemos de la siguiente manera:

1 Ocluimos las fosas nasales con el dedo pulgar e índice y apoyamos el resto de la mano sobre la frente.

2 Inspiramos aire profundamente y apoyamos nuestros labios con firmeza sobre los de la víctima asegurándonos de que la unión de ambos lados queda sellada.

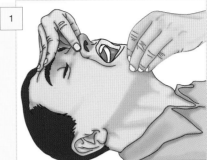

3 Insuflamos el aire de forma lenta pero continua durante unos tres segundos, mientras comprobamos con la otra mano que el tórax se expande.

4 Nos retiramos para comprobar que el aire vuelve a salir al tiempo que la caja torácica retorna a su posición.

5 Si se trata sólo de una parada respiratoria, mantenemos un ritmo de 10 ventilaciones por minuto; si es cardiorrespiratoria, según el ritmo señalado anteriormente. Si insuflamos aire pero no entra y el tórax no se mueve, o bien lo hacemos mal, habrá que revisar si no existe obstrucción de la vía aérea. En el caso de los niños pequeños tendremos que cubrir con nuestra boca tanto la suya como su nariz, realizando insuflaciones más cortas pero más rápidas.

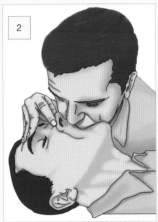

que retorne la respiración espontánea. La situación contraria, es decir respiración positiva pero sin pulso, es muy poco probable, ya que la parada cardiaca conlleva fallo respiratorio siempre a los pocos segundos; en esta situación lo que ocurre es que el pulso es muy débil y unas manos poco expertas o nerviosas no lo detectan. Finalmente, si concluimos que ni respira, ni tiene pulso, habrá que comenzar con las maniobras completas de

resucitación que se pueden revisar en los cuadros de ventilación.

Antes de proceder con ellas hay que situar al individuo de la forma apropiada:

• Buscar una superficie dura y lisa donde apoyarle boca arriba bien extendido.

• Moverle hacia la misma, entre varias personas si es posible, como un bloque firme, sobre todo manteniendo la cabeza recta respecto de los hombros.

• Una vez en esta posición, desplazar ligeramente la cabeza hacia atrás presionando con cuidado la frente con una mano y traccionando del mentón hacia delante con la otra. Se puede colocar algo de ropa debajo del cuello para mantener esta postura.

Una vez llegados a este punto y habiendo seleccionado las personas más capacitadas para realizar el procedimiento, se comprueba la hora y se comienzan con las maniobras. El ritmo de ventilación y masaje cardíaco será:

• Dos ventilaciones seguidas de 15 compresiones cardíacas cuando sólo hay un reanimador.

• Una ventilación seguida de cinco compresiones cuando hay más de uno. Mientras uno realiza las compresiones cardíacas, el otro realiza las ventilaciones.

Esto se debe a que un solo reanimador se fatigaría en pocos minutos a un ritmo muy rápido. Si hay varios reanimadores capacitados, deben turnarse en las maniobras cada pocos minutos. Los intentos de reanimación se mantendrán hasta la llegada de los servicios sanitarios o en su defecto hasta que los signos de muerte sean evidentes por concurrir otras lesiones graves; pasados 30 minutos desde que se pueda evidenciar la parada no tiene sentido proseguir con el intento.

## VENTILACIÓN PASO A PASO

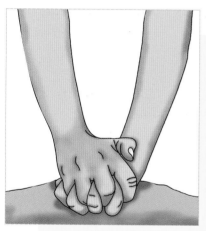

La postura es también de rodillas perpendicularmente a la víctima, sólo que ahora nos desplazamos hacia el pecho, que previamente descubrimos. Una vez localizado el punto de masaje, un poco por encima del final del esternón, procederemos como se indica a continuación:

1 Con los brazos extendidos, apoyaremos el talón de una mano sobre el punto elegido y el talón de la otra sobre la primera, entrelazando los dedos entre sí con una mano sobre la otra.

2 Comprimiremos con un esfuerzo rápido o brusco el tórax hasta que éste descienda unos pocos centímetros, sin excederse para no romper el esternón, aunque si esto sucede, no supone más riesgo del que ya hay, y se debe proseguir con el masaje. Cuando se llevan varios intentos se acaba conociendo la fuerza justa que hay que emplear. En los niños se realiza el masaje con una sola mano y con menos fuerza que en los adultos; en los bebés sólo se usan dos o tres dedos.

3 Comprobaremos al mismo tiempo, o tras finalizar varias tandas de masajes y ventilaciones si sólo hubiera un reanimador, si se percibe pulso.

## ENFERMEDADES CARDIOVASCULARES MÁS FRECUENTES

- ANGINA DE PECHO: se produce cuando, por excitación física o emocional, las arterias del corazón no pueden ajustarse a la demanda de sangre. Cursa con dolor torácico y opresión por la parte del esternón, con sentimiento de ansiedad, palidez y sudoración.

- INFARTO DE MIOCARDIO: a consecuencia de una obstrucción en la arteria coronaria, se suprime el riego sanguíneo y al no llegar oxígeno al músculo cardiaco, una parte de él muere o queda inutilizada. Se manifiesta con dolor en el pecho que puede extenderse al hombro, el brazo y la espalda, con dificultad respiratoria y sudoración, palidez e incluso náuseas o mareos. Se trata aplicando oxígeno cuanto antes y con medicamentos específicos. En muchos casos se hace necesaria la colocación de un *by-pass* con cirugía. También existen tratamientos preventivos: seguir una dieta equilibrada, olvidarse del alcohol y el tabaco, y hacer ejercicio moderado.

- INSUFICIENCIA CARDIACA: si el corazón no bombea la suficiente sangre, no puede abastecer al resto del organismo. Se manifiesta con fatiga, dificultad respiratoria, edemas e hinchazón en los pies y las piernas. Generalmente, su tratamiento incluye unos hábitos alimenticios saludables poniendo especial cuidado en tomar poca sal, huir de las bebidas gaseosas y hacer varias comidas ligeras al día en lugar de una muy fuerte. También ayuda la práctica deportiva moderada.

- HIPERTENSIÓN: es un aumento de la presión arterial por encima de los valores normales (140 en la presión sistólica y 90 en la diastólica). Si se complica y no se toman medidas, puede derivar en infarto, trombosis, arteriosclerosis, etc. Su tratamiento es preventivo: como de costumbre, un control del peso corporal con dieta equilibrada, reducción en el consumo de sal, alcohol y tabaco y algo de ejercicio.

- HIPERCOLESTEROLEMIA: se trata de tener unos índices de colesterol en sangre por encima de los valores normales con la consecuente asociación a problemas coronarios más severos. Su tratamiento consiste en eliminar los factores de riesgo controlando la alimentación y haciendo algo de ejercicio.

- VARICES: consiste en una dificultad de retorno venoso de las extremidades inferiores que se manifiesta en el síndrome de las piernas pesadas, con calambres y dolor, coloración en la piel e incluso úlceras. Es más frecuente entre las mujeres, sobre todo las que permanecen muchas horas de pie. Su tratamiento pasa por el uso de medias de compresión, algo de deporte y sobre todo una buena educación postural. Son convenientes los masajes y mantener las piernas elevadas, así como evitar los tacones altos y la ropa ceñida. En última instancia, se pueden tratar con cirugía.

# REACCIONES

## alérgicas

Una reacción inmune no es más que una forma de defensa de nuestro organismo frente a un agente externo considerado como extraño y por tanto potencialmente peligroso. El sistema inmune, formado tanto por células específicas como por inmunoglobulinas, se encarga de detectar la presencia de dicho agente y de poner en marcha los mecanismos oportunos para su aislamiento y su destrucción. Esto ocurre continuamente en nuestro cuerpo, puesto que por el hecho de relacionarnos con el medio que nos rodea estamos expuestos a contactos repetidos con formas de vida microscópica y con otras sustancias.

Una reacción alérgica es sin embargo un tipo de reacción inmune frente a una sustancia, objeto o célula que no representa un peligro vital para el individuo y que de hecho no se produce en la mayoría de la población. Es decir, que se requiere de una sensibilidad especial para que se produzca la reacción, siempre desproporcionada. El motivo por el cual ciertos individuos padecen alergias concretas es desconocido aún, aunque se saben los mecanismos que siguen estas reacciones y su tratamiento.

Esta sensibilidad puede poseerse desde el nacimiento y manifestarse tras el primer contacto con el alérgeno concreto o, con más frecuencia, desarrollarse con el tiempo tras haberse producido los primeros contactos, durante un periodo que se denomina «de sensibilización». En otras palabras, lo más habitual es que un individuo pueda estar expuesto a una sustancia en forma de medicamento, alimento, polen, ácaro u otro ser vivo durante un cierto tiempo antes de sufrir la primera reacción alérgica en relación al mismo. Esto se debe a que el sistema inmune necesita de uno o varios contactos previos para identificar el alérgeno y crear una memoria del mismo con el fin de defenderse si vuelve a aparecer.

Por todo lo anterior deducimos que la reacción alérgica no es útil para el individuo, puesto que el agente que la provoca no supone un riesgo real para la salud, mientras que la propia reacción en sí puede llegar a ser tan exagerada que sí lo suponga. Se trata de un fallo en el sistema de reconocimiento del sistema inmune que provoca una cascada de acontecimientos potencialmente graves.

Las reacciones alérgicas pueden manifestarse de diferentes formas, desde signos y síntomas leves que ceden en pocas horas o días, hasta cuadros de shock y muerte. La gravedad de las mismas va a depender entonces de factores como el alérgeno concreto responsable y su cantidad, el lugar de contacto, la potencia con la que reaccione el sistema inmune conforme a los contactos previos y a su estado de funcionamiento y finalmente el estado general de salud del individuo.

Podemos clasificar las reacciones alérgicas en crónicas cuando se producen de forma repetida e inevitable en un individuo

## REACCIONES ALÉRGICAS DE MENOR A MAYOR IMPORTANCIA

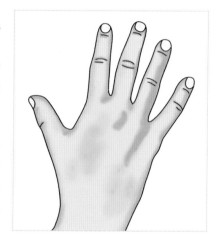

- RONCHAS O ECCEMAS EN LA PIEL: a veces cerca del contacto y otras veces generalizadas por todo el cuerpo sin un patrón concreto. Estas manchas rojizas pueden tener un aspecto edematoso y se manifiestan como habones tras haberse rascado. Son muy típicas de alergias a ciertos alimentos y fármacos.

- PRURITO O PICOR DE LA PIEL: a veces muy molesto, que puede sentirse sobre lesiones de la piel como las anteriores o de forma generalizada en todo el cuerpo. El rascado continuo produce lesiones secundarias que pueden incluso sangrar levemente. Hablamos entonces de urticaria.

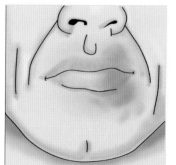

- MOLESTIAS DIGESTIVAS: se produce cuando el alérgeno es alimentario, en forma de dolor estomacal, náuseas, vómitos y diarrea.

- EDEMA O HINCHAZÓN: que ataca ciertas regiones como los párpados, los labios, la lengua o cualquier mucosa del cuerpo. Se trata ya de un signo de alarma o cuando menos de precaución llamado angioedema.

- SIGNOS DE DIFICULTAD RESPIRATORIA: por obstrucción de la vía aérea a nivel de los bronquios o en la laringe en los casos más graves. Se pueden percibir sibilancias o «pitos» en el pecho al respirar con dificultad, tanto para inspirar el aire, como para expulsarlo.

- CAÍDA DE LA TENSIÓN ARTERIAL: y entrada posterior en un cuadro de shock grave con disfunción orgánica que puede desembocar en la muerte.

predispuesto según la estación del año o el contacto ocasional con animales, polvo o cualquier sustancia a la que se encuentre sensibilizado. Se trata normalmente de reacciones molestas pero leves, caracterizadas por afectación ocular en forma de irritación de la conjuntiva, escozor y lagrimeo. La afectación nasal, por otro lado, se manifiesta con exceso de producción de moco o rinorrea, obstrucción nasal y picor. Nos corresponde sin embargo, en este apéndice, referirnos a las reacciones agudas como subsidiarias de necesitar un tratamiento rápido y unos primeros auxilios imprescindibles para evitar complicaciones. Una reacción aguda es aquella en la que en un corto espacio de tiempo el organismo se defiende de forma exagerada a un contacto.

Una alergia crónica puede hacerse aguda si se manifiesta así en un momento dado.

La gran mayoría de las reacciones alérgicas no superan las primeras fases mencionadas y no llegan por tanto a representar un riesgo para la persona. No obstante, deben servir como aviso para mantener la vigilancia y como pista para descubrir cuál ha sido el causante de la misma, ya que en otra ocasión la respuesta al mismo puede ser más grave. En el otro extremo se sitúa el llamado shock anafiláctico, que se establece como punto final de una reacción alérgica muy grave en la que se compromete la respiración, se colapsa el sistema cardiovascular y se puede llegar a la muerte si tiene la suficiente gravedad y no se trata a tiempo.

## TRATAMIENTO DE LAS REACCIONES ALÉRGICAS AGUDAS

Como siempre decimos, la mejor manera de tratar una enfermedad es prevenirla. Por tanto todo individuo que haya manifestado una reacción aguda a un alimento o a un fármaco debe siempre tomar muchas precauciones con los mismos, sabiendo además que es posible que la próxima reacción sea aún peor. Además de informar al médico sobre estos antecedentes, es importante que se lleven anotados siempre encima por si se produce una pérdida de conocimiento.

Según la fase en la que se encuentre la reacción procederemos de la siguiente manera:

• Si sólo se manifiestan ronchas o habones con prurito sin ninguna otra complicación se pueden emplear simplemente antihistamínicos como la hidroxicina o la dexclorfeniramina cada seis u ocho horas, o en su defecto, cualquiera que tengamos a mano para la alergia primaveral. Es fundamental hidratar la piel para que pique menos y evitar las lesiones de rascado; no es aconsejable el empleo de talco ni derivados, ya que lejos de hidratar, resecan aún más la piel. Pueden utilizarse compresas o gasas con agua fría o con vinagre rebajado sobre las zonas pruriginosas para calmarlas. También hay que beber mucho líquido, siendo muy útil la leche para este efecto. Si se manifiestan molestias digestivas, puede ser beneficioso el vómito para eliminar el alérgeno que aún no se haya absorbido.

• Si aparecen además zonas edematosas en la boca o en los ojos, junto con el tratamiento anterior puede ser necesaria la administración de corticoides. Estos corticoides pueden tomarse en el domicilio por vía oral si ya se tiene experiencia con reacciones anteriores y no se presentan signos de gravedad. En el resto de los casos será necesario acudir a un centro sanitario para su administración intramuscular, de acción más rápida. Muchos pacientes alérgicos disponen de metilprednisolona inyectable en casa para estas ocasiones, aunque cualquier corticoide puede ser útil. Como alternativa mucho menos eficaz pueden administrarse antiinflamatorios si no disponemos de corticoides. Con posterioridad debe acudirse a un centro sanitario.

• Si comienzan a manifestarse signos de dificultad respiratoria y sensación de

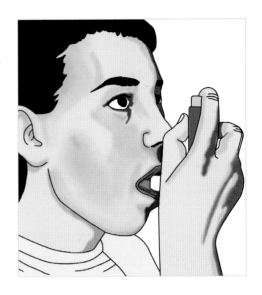

ahogo es indispensable el traslado inmediato a los servicios de urgencia. Mientras éste se produce, se administrarán los antihistamínicos y corticoides conforme a lo ya mencionado. Si tenemos a mano broncodilatadores como los utilizados para el asma o en los bronquíticos crónicos procederemos a inhalar dos pulsaciones o más con el fin de abrir la vía aérea; si tuviéramos la posibilidad de aplicar oxígeno, también lo realizaremos. Es muy importante investigar en este momento las posibles causas del cuadro para aportar al personal médico la mayor información posible sobre los antecedentes, como alimentos tomados, lugares y actividades realizadas y tratamientos farmacológicos seguidos.

• Si antes de que llegue la ayuda médica observamos que se produce una pérdida de consciencia asociada a un ahogo, debemos comprobar si la víctima tiene respiración y pulso y proceder a la reanimación básica.

# ALTERACIONES

## de la tensión

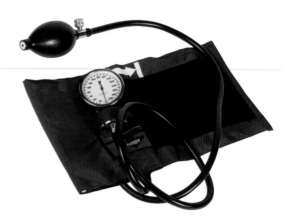

Siendo la hipertensión una enfermedad muy prevalente en la población actual, los trastornos derivados de la misma suponen un motivo muy frecuente de preocupación y de consulta médica, en ocasiones incluso a través de los servicios de urgencias. La hipertensión es una enfermedad crónica que requiere de un tratamiento y de un seguimiento específico por el médico de familia con el objeto de mantener un control razonable por encima de pequeñas variaciones, algunas veces inevitables. Una subida brusca de la tensión arterial puede ser, sin embargo, un hecho puntual y producir lo que se llama crisis hipertensiva, que puede presentarse tanto en sujetos ya hipertensos como previamente sanos. Descontroles repetidos en la tensión no sólo suponen un riesgo para la salud de las personas, sino que también indican que el tratamiento no está siendo el apropiado.

El objetivo de este apéndice es conocer no sólo las cifras que podemos considerar normales en esta patología, sino los signos y síntomas que acompañan a sus modificaciones, lo que resulta mucho más práctico y realista. Los médicos no tratamos cifras, tratamos enfermos, por lo que no resulta tan importante tener una determinada tensión en un momento dado como el cuadro clínico que le acompaña, incluso cuando aquellas son normales.

## CAMBIOS EN LA TENSIÓN ARTERIAL

La medida de la tensión arterial no refleja más que la presión que la sangre bombeada por el corazón ejerce contra las paredes de los vasos sanguíneos. Esta presión es máxima a la salida del ventrículo cardiaco y es la que medimos indirectamente con un manguito en el brazo, lo que nos sirve para determinar de forma general la tensión de un individuo. Esta presión disminuye a medida que se aleja la sangre del corazón y penetra en los diferentes órganos y es mínima en los capilares terminales. La sangre retorna después al corazón, no ya por la fuerza de éste, sino por su propia inercia, la acción de la musculatura y los mecanismos que las venas tienen en su interior para tal efecto.

Cuando medimos la tensión arterial conocemos por tanto la fuerza con la que la

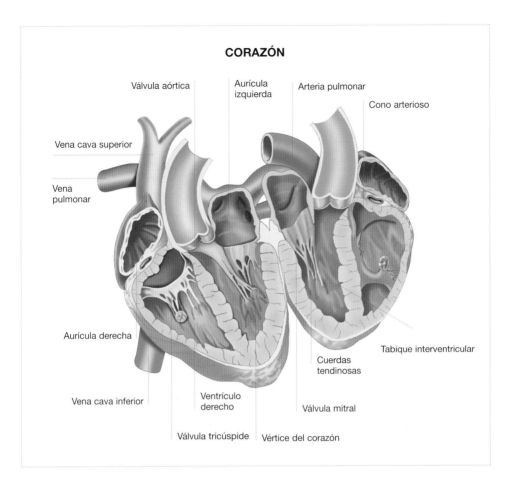

# CORAZÓN

Válvula aórtica

Aurícula izquierda

Arteria pulmonar

Cono arterioso

Vena cava superior

Vena pulmonar

Aurícula derecha

Vena cava inferior

Ventrículo derecho

Válvula tricúspide

Vértice del corazón

Válvula mitral

Cuerdas tendinosas

Tabique interventricular

sangre es expulsada al sistema circulatorio, lo que depende en cada caso de diversos factores como:

• La frecuencia cardiaca o número de latidos por minuto: a mayor frecuencia, mayor tensión.

• El calibre de los vasos sanguíneos. La vasoconstricción o disminución del calibre de los vasos provoca una mayor resistencia al paso de la sangre y por tanto provoca un aumento de la presión. La vasodilatación produce el efecto contrario.

• La potencia contráctil del músculo cardiaco. Daños en el corazón o simplemen-te una baja estimulación del mismo condu-ce a una fuerza de bombeo menor y por ende a una menor presión.

• El volumen total de líquido circulan-te en la sangre. A mayor volumen, mayor presión y al contrario, por eso si se come mucha sal se retiene más líquido en el orga-nismo y sube la tensión. Si aparece por el contrario una hemorragia se pierde volu-men y la tensión baja.

La tensión arterial no es una constante en ningún individuo, sino una variable que se modifica a lo largo del día en virtud de muchas circunstancias. El sistema cardiovascular se adapta continuamente a los requerimientos de diversas formas, siendo una de ellas la modificación de la presión arterial. Es natural por tanto que puedan medirse tensiones diferentes según la actividad física, el estado emocional, el consumo de tabaco o café, la comida reciente o la hora del día. Por todo ello es fundamental saber que la hipertensión se diagnostica cuando en un individuo se demuestra una tendencia continuada a presentar cifras de tensión por encima de lo normal siempre que se le toma en condiciones óptimas de una manera protocolizada. Si un individuo, por poner un ejemplo, se toma la tensión en una farmacia después de haber caminado unos centenares de metros, muy nervioso, habiendo comido hace menos de una hora o fumado antes de entrar, es muy posible que tenga cifras altas, pero no por ello podremos decir que es hipertenso ni que su salud corra en ese momento mayores riesgos.

El consumo de tabaco puede subir la tensión arterial, además de provocar enfermedades respiratorias diversas. Se recomienda abandonar el hábito.

Para que una toma de tensión sea adecuada debe cumplir al menos una serie de condiciones como son utilizar un brazalete adecuado al tamaño del brazo, haber permanecido unos minutos en reposo, estar tranquilo, no haber comido ni fumado al menos durante los 30 minutos anteriores y no estar tomando medicaciones que puedan alterar el resultado.

## TRATAMIENTO DE LA BAJADA DE TENSIÓN ARTERIAL

Aquellas personas con tensiones habitualmente bajas tienen muy poco margen de maniobra cuando por cualquier circunstancia desciende la tensión arterial. Así, los ambientes calurosos, el hecho de permanecer en pie mucho rato, la bajada de glucosa en la sangre, las infecciones virales leves o simplemente una mala digestión, provoca un descenso suficiente de la presión sanguínea para impedir el riego cerebral adecuado y provocar mareo y desmayo.

Además de prevenir los factores predisponentes comentados será necesario tomar ciertas actitudes:

• No salir de casa sin desayunar ni tampoco con una comida excesiva.

• Evitar el abrigo excesivo, retirando éste nada más entrar en un sitio caluroso.

• Tener cuidado con la exposición prolongada al sol.

• Tomar bebidas con cafeína que eleven la presión arterial.

• No levantarse bruscamente de la cama o de la silla.

## TIPOS DE TENSIÓN ARTERIAL

- TENSIÓN NORMAL: los límites que se ponen hoy en día a la tensión arterial normal son de 140/90, siendo óptima la inferior a 120/80.

- TENSIÓN BAJA: si bien no existe un límite inferior de tensión en el sentido de que se ha demostrado que cuanto más baja mejor, especialmente en mujeres jóvenes es frecuente encontrar cifras de 90/50 o incluso menores que producen síntomas como mareo, debilidad e incluso pérdida de conciencia con caídas. Esto puede ser un problema aunque no sea una enfermedad y luego veremos cómo debe tratarse y prevenirse.

- TENSIÓN ALTA SIN SÍNTOMAS: por encima de 140/90 podemos hablar de tensión alta. Un individuo será hipertenso si se demuestran estas tensiones al menos tres veces separadas en el tiempo y tomadas en condiciones ideales. Si es este caso, se hace necesario comenzar con un típico tratamiento que controle la tensión, pero no se trata de una urgencia.

- TENSIÓN ALTA CON SÍNTOMAS: una tensión elevada que viene acompañada además de mareo, dolor de cabeza en la zona occipital o en las sienes, sangrado nasal, dolor en el pecho, visión borrosa o palpitaciones, puede ser una crisis hipertensiva, y como tal requiere control y tratamiento inmediato. No importa tanto la cifra concreta de tensión, como su repercusión sobre el organismo, siendo necesaria la realización en el mismo momento de diversas pruebas.

- URGENCIA HIPERTENSIVA: hablamos de tensiones comprobadas exageradamente altas y que, independientemente de que se acompañen de síntomas, de las circunstancias previas o de que el individuo sea hipertenso, deben ser tratadas urgentemente por el riesgo que suponen. Hablamos en general de cifras superiores a 200/120.

Cuando el desmayo ya se ha producido, simplemente hay que mantener a la persona tumbada boca arriba, levantarle las piernas para favorecer el riego cerebral, aflojarle la ropa y airear la estancia si hace calor. Cuando recupere la consciencia, debe tomar alguna bebida estimulante y permanecer en reposo al menos durante media hora.

Cuando estos cuadros se suceden demasiadas veces en el tiempo es indispensable consultar al médico para descartar otras causas de síncope, como anemia o trastornos del ritmo cardíaco.

### TRATAMIENTO DE LA SUBIDA DE TENSIÓN ARTERIAL

En principio, una tensión alta no se tiene porqué acompañar de ningún tipo de sintomatología, por lo que en muchos casos se detecta de forma casual en un control rutinario. No obstante, es algo que debe vigilarse, ya que lleva asociados muchos otros problemas médicos. Según los supuestos anteriormente comentados podemos encontrarnos con las siguientes situaciones:

• Una tensión alta sin presentar ningún tipo de síntomas: no es urgente, ni siquiera recomendable, bajar dicha tensión de forma rápida, salvo que supere los límites de 200/120. Será necesario controlar dicha tensión de forma repetida para diagnosticar o no la hipertensión. Si el individuo ya es hipertenso en tratamiento, una subida ocasional puede no tener importancia, pero si se repiten indicará que no está correctamente tratado y habrá que modificarlo.

• Una tensión alta que presenta síntomas como mareo al mover la cabeza, visión borrosa, taquicardias o dolor de cabeza muy intenso, debe consultarse inmediatamente al médico por si son indicativos de complicaciones relacionadas con dicha subida.

Las bebidas excitantes, como el café o el té, pueden ayudar a un hipotenso a mantener la tensión algo más alta para evitar los mareos.

• Una tensión superior a 200/120 debe ser tratada en la urgencia hospitalaria se acompañe o no de síntomas. Basta con que una de las cifras, la alta o sistólica o bien la baja o diastólica, sea alta para proceder de esta manera.

En cualquiera de los tres supuestos anteriores es recomendable tomar medidas inmediatas para tratar de frenar el ascenso tensional, independientemente de que se vaya a consultar al médico en breve espacio de tiempo.

Si bien el control de una tensión arterial alta requiere en muchas ocasiones del empleo de fármacos específicos para la misma o incluso simplemente de tranquilizantes, debemos observar las siguientes circunstancias:

• El individuo ante esta situación debe permanecer en reposo tumbado, sin comer ni beber nada, y volver a tomarse la tensión en espacios de media hora para comprobar si se modifican las cifras. Si aparece alguno de los síntomas mencionados hay que acudir a un centro sanitario. Si desciende la tensión a cifras más o menos normales deberá comentarse el episodio al médico de cabecera en los días sucesivos.

• Es fundamental que se tranquilice, ya que muchas subidas de tensión se deben exclusivamente a un estado de ansiedad o estrés que se agrava aún más al conocer las cifras de tensión. Un pulso acelerado nos confirma este estado de nervios, por lo que se debe esperar para la siguiente toma a que el individuo se serene o emplear algún tranquilizante suave previa consulta. En ocasiones, el mero hecho de tomarse la tensión por una enfermera o un médico puede ser suficiente para dar cifras altas por la inquietud que supone, aunque el individuo quizás no lo note. En este caso, venden aparatos para tomar la tensión en casa que

resultan muy útiles como aproximadores para saber si se ha alterado ante el médico.

• Hay que comprobar que el individuo sigue el tratamiento prescrito, si es que ya tuviera una hipertensión diagnosticada. Muchas subidas de tensión se deben a que no se ha tomado el tratamiento ese día, especialmente entre los ancianos que

Las personas con tensión baja no deben saltarse nunca el desayuno; la falta de alimentos y la caída de la glucosa podría provocar un desvanecimiento que, aunque leve, es muy desagradable.

El «síndrome de la bata blanca» consiste en las personas que se ponen nerviosas ante el médico y justo en el momento en que van a medirles la tensión, ésta les sube.

sufren alguna alteración de la memoria, por lo que es conveniente que algún familiar o su propio médico se lo recuerde. En el caso de un olvido, se debe proceder a tomar la pastilla de ese día sea la hora que sea. Se debe también tener en cuenta que la mezcla de los medicamentos antihipertensivos con alcohol puede disminuir de forma considerable el efecto de los mismos, por lo que se procurará no mezclar ambas sustancias.

• También hay que valorar si se han iniciado tratamientos recientes con ciertos fármacos que pueden subir la tensión arterial, como los antiinflamatorios, muchos corticoides, casi todos los tipos de anticonceptivos orales, el ginseng, el bicarbonato sódico o algunos antidepresivos, que son las que se encuentran entre las sustancias más habituales. Siempre debe avisarse de esta circunstancia antes de comenzar a tomar cualquier sustancia, aunque nos parezca algo muy suave y natural. Esta información siempre será de ayuda al médico en su diagnóstico.

Sólo en aquellos casos en los que la asistencia médica sea imposible o se vaya a retardar en exceso está indicado dar al individuo alguna pastilla para la tensión que tengamos a mano, siempre bajo tutela médica, aunque sea telefónica o por medio del farmacéutico, y leyendo las indicaciones y posología que vienen en el prospecto del medicamento. En los hipertensos ya tratados puede darse una segunda pastilla del mismo tratamiento que ya toman si han pasado al menos unas pocas horas de la toma anterior.

Uno de los posibles efectos secundarios de los anticonceptivos orales es que pueden desembocar en episodios de hipertensión.

Consejos para mantener la tensión

1 Seguir una dieta pobre en grasas y en sal, basada en la riqueza de frutas y verduras, legumbres, carnes y pescados. Hay que tener especial cuidado en no consumir dulces, sobre todo bollería industrial, ni alimentos grasos.

2 Mantener el peso corporal dentro de unos índices saludables. Para determinar cuál es, lo mejor es calcular el índice de masa corporal, lo que se consigue con una sencilla ecuación: dividiremos el peso en kilos entre la altura en metros al cuadrado. Si el resultado es menor que 20, indica demasiada delgadez, entre 20 y 25 estaríamos en el peso ideal, entre 25 y 30, indicaría sobrepeso y por encima de 30 se trataría de obesidad.

3 Reducir el consumo de café, té y otras bebidas excitantes, como los refrescos de cola o las infusiones derivadas de ginseng.

4 Hacer ejercicio físico de forma moderada, como caminar, nadar, hacer bicicleta o correr suavemente, no se trata de acabar agotado, sino de mantener nuestro sistema cardiorrespiratorio en forma. La constancia es aquí esencial, por lo que resulta recomendable practicar deporte al menos tres veces por semana.

5 Evitar las situaciones de estrés y aprender técnicas de relajación para afrontar los problemas del día a día. En algunos casos, es necesario que el paciente se plantee un cambio radical en su manera de vivir, renunciando a trabajos que desarrollen la ansiedad y haciendo las cosas con más calma, sin prisas, ni crispaciones.

6 Revisar la tensión arterial de forma periódica, ya sea en una farmacia o en los programas de los centros de salud.

7 En el caso de ya estar diagnosticado de hipertensión, hay que seguir los consejos del médico, acudir a las revisiones y tomar la medicación prescrita. Para evitar los olvidos, existen reglas nemotécnicas y cajas de medicamentos con recordatorio.

# ALTERACIONES

## de la glucosa

La cifra de glucosa en sangre o glucemia es un valor que está sujeto a continuas modificaciones a lo largo del día en cualquier persona, principalmente en función de la ingesta alimenticia y los periodos de ayuno, del ejercicio físico y del funcionamiento del metabolismo. Dos hormonas segregadas por las células del pán-

Los alimentos azucarados pueden hacer que la cifra de glucosa en sangre varíe a lo largo del día, por lo que habrá que tenerlo en cuenta al hacer un análisis.

creas, la insulina y el glucagón, se encargan de mantener estas cifras dentro de unos límites normales gracias a su acción. Mientras que la insulina favorece la eliminación de la glucosa en sangre cuando ésta

se eleva, por ejemplo después de la comida, bien colaborando en su quema dentro de la célula o bien favoreciendo su almacenamiento, el glucagón se encarga de que se libere a la sangre desde los depósitos de almacenamiento, cuando estamos ayunando o cuando el organismo por cualquier circunstancia requiere glucosa. No olvidemos que las células utilizan este hidrato de carbono como fuente de energía básica y que por tanto la regulación de su presencia en la sangre es muy importante para mantener sus funciones vitales en buen estado.

En las personas sanas, el equilibrio de la glucosa se mantiene regulado en cada momento con este mecanismo doble de control. Así, en ayunas, la glucosa en sangre debe situarse entre 70 y 106 mg/dl como valor normal. Si realizamos la prueba antes de que transcurran dos horas desde que hemos tomado la comida, las cifras pueden ser superiores, ya que aún no hemos dado tiempo a que los mecanismos de control actúen plenamente. En cualquier caso, unas cifras de glucemia superiores a 200 mg/dl se consideran indicativas de diabetes, se hagan en el momento que se hagan, por lo que las personas que den estos valores deben concienciarse de su situación, visitar al médico y atenerse al tratamiento que éste les ponga.

Es, sin embargo, en pacientes diabéticos donde con más frecuencia se detectan las alteraciones de la glucemia, bien por la propia enfermedad hasta que se diagnostica o bien por fallos en el tratamiento una vez diagnosticada, e incluso por circunstancias que interfieren con el mismo. De forma general, podemos encontrarnos con dos circunstancias relacionadas con el azúcar, como son la hipoglucemia y la hiperglucemia que veremos a continuación.

## HIPOGLUCEMIA

Se denomina así al descenso de la glucosa en la sangre por debajo de 65 mg/dl o 65 gramos por litro, medida en cualquier momento del día y en cualquier circunstancia. Las hipoglucemias pueden deberse a un ayuno prolongado o una ingesta escasa de los mismos seguida de una actividad física importante. En el caso de los diabéticos, las hipoglucemias son consecuencia generalmente del tratamiento con insulina o fármacos antidiabéticos orales que, o bien están mal prescritos y provocan un descenso excesivo de la glucosa, o bien se toman

**PÁNCREAS**

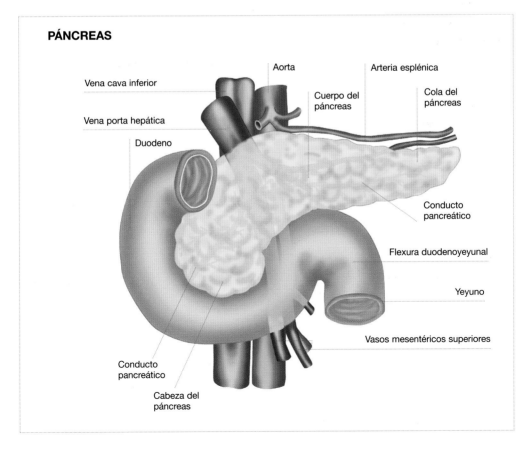

Aorta

Arteria esplénica

Vena cava inferior

Cuerpo del páncreas

Cola del páncreas

Vena porta hepática

Duodeno

Conducto pancreático

Flexura duodenoyeyunal

Yeyuno

Vasos mesentéricos superiores

Conducto pancreático

Cabeza del páncreas

habiéndose saltado una de las comidas pertinentes. El consumo de alcohol también interfiere con el tratamiento de la diabetes y provoca hipoglucemias, igual que el uso concomitante de ciertos fármacos. Existen además otras muchas patologías que también pueden provocar una hipoglucemia dentro de su cuadro clínico. Los principales síntomas que se asocian a este descenso de la glucemia son:

• Sudoración excesiva que no se corresponde con calor externo.

• Sensación de angustia o de cierto malestar general.

• Náuseas y vómitos.

• Sensación de hambre imperiosa que se manifiesta como una obsesión.

• Irritabilidad.

• Temblor en la punta de los dedos.

## TRATAMIENTO

El tratamiento de la hipoglucemia debe ser instaurado tan pronto como se detecten los primeros síntomas. El paciente diabético debe conocer cuáles son éstos y estar entrenado para combatirlos, así como los familiares cercanos. Podemos encontrarnos en dos situaciones diferentes:

• Si el individuo está consciente: nos podrá relatar los síntomas que han ido ocurriendo y procederemos a hacer una toma de glucosa capilar con la máquina que la mayoría de ellos tienen. Si no es posible dicha toma, consideraremos que la glucosa es baja y procederemos a darle azúcar, chocolate, zumos de frutas, leche con azúcar o

cualquier sustancia que lleve glucosa y esperaremos a que se produzca la mejoría, que debe ser normalmente rápida en pocos minutos. Algunos diabéticos tienen siempre en casa glucagón en viales inyectables para pinchárselo en estos casos.

Prácticamente cualquier dulce puede servir como alimento de emergencia en el caso de que se tenga una caída brusca de glucosa.

• Si el individuo está inconsciente: lo primero que debemos tener claro es saber que nunca se debe dar de beber o comer nada en este estado; sino que hay que avisar con prontitud a los servicios de urgencia para que se trate de administrar la glucosa por vía venosa, pero mientras tanto, podemos pinchar el glucagón si lo tenemos o incluso a la desesperada, introducir enemas de agua con azúcar por el recto.

Tras una hipoglucemia se debe mantener la vigilancia del afectado durante todo el día. Las hipoglucemias debidas a ciertos antidiabéticos como las sulfonilureas pueden repetirse a las pocas horas, ya que el fármaco sigue actuando y descendiendo la glucemia. Como decíamos anteriormente, un diabético debe mantener un estricto control regular de las comidas y de la actividad física con el fin de adaptar el tratamiento diario lo mejor posible a las necesidades reales y evitar sobresaltos. Es fundamental por tanto que nunca se salte sus revisiones médicas y que siga al pie de la letra los consejos médicos, ya que aunque es una enfermedad que con el tratamiento correcto puede ser muy llevadera y compatible con cualquier actividad normal, en cambio si el paciente se abandona resulta una enfermedad muy grave.

## HIPERGLUCEMIA

Con este término nos referimos en general a una cifra de glucosa alta, tanto como si responde a un diabético mal controlado, como simplemente a que se acaba de comer una cantidad relativa de alimentos dulces o chucherías antes del análisis. En principio tomaremos la referencia de 200 mg/dl como límite para indicarnos que por encima del mismo, o bien no existe un buen control de la enfermedad, o se es diabético sin saberlo, lo cual debe ser solucionado cuanto antes. Pero se puede tener la glucemia por encima de esta cifra y no necesariamente percibir ningún síntoma relacionado con la misma. Por lo tanto, son los cuadros clínicos derivados de una glucosa alta lo que hay que detectar y tratar, independientemente de la cifra concreta que se tenga.

La cetosis o cetoacidosis es la principal complicación que puede surgir como consecuencia de una glucemia elevada. Este cuadro es típico de diabéticos mal controlados o de aquellos en los que concurren otras enfermedades importantes que descompensan la diabetes, o también como consecuencia de un cuadro de deshidratación profunda. Pero también la cetoacidosis puede presentarse como una forma de debut de una diabetes desconocida en una persona joven que hasta ahora estaba sana. Hay ciertos síntomas que van apareciendo a medida que progresa la cetoacidosis, y paralelamente se elevan las cifras normales de glucosa, estos síntomas son:

• Sed intensa e imperiosa que no se termina de calmar nunca pese a una abundante ingesta de agua o de otros líquidos.

• Frecuentes ganas de orinar originadas como consecuencia de lo anterior.

• El paciente puede sentir un cansancio mayor de lo normal acompañado de pérdida de fuerza.

La sed y la necesidad de beber agua de forma constante pueden indicar un cuadro de cetoacidosis.

## TRATAMIENTO

Una hiperglucemia puede desembocar en un coma diabético en el que el paciente deba ser ingresado en un centro hospitalario obligatoriamente.

El tratamiento más habitual consiste básicamente en la detección precoz de los síntomas mencionados y en la medición de los niveles de glucosa cuando éstos se presentan. En un diabético ya conocido será necesario aumentar la dosis de insulina que administra normalmente, y si además es anciano, habrá que asegurarse de que bebe suficiente líquido, sobre todo en verano. Si no existieran familiares cercanos, es deseable que los asistentes sociales cumplan esta función de acompañamiento y consejo al enfermo. Todo diabético que sepa que lo es debe obligarse a saber manejar los pequeños aparatos de glucemia capilar tenga la edad que tenga; estos dispositivos sencillos son fundamentales para realizar perfiles de control y para detectar alteraciones potencialmente graves. Conviene recordar que la glucemia medida con estos glucómetros a partir de la sangre del dedo es un 10% inferior a la real, por lo que sólo son aproximadores que no deben suplantar a las revisiones médicas habituales, sino complementarlas.

• Necesidad imperiosa de comer alimentos, especialmente bollería y dulces.

• Pérdida de peso en los últimos meses a pesar de llevar una dieta excesiva y desequilibrada.

Estos síntomas son propios de una glucosa elevada sin más. A partir de glucemias superiores a 300 mg/dl pueden comenzar a presentarse signos agudos que indican una complicación del cuadro habitual, como son:

• Taquicardia acompañada de una tensión baja.

• Piel muy seca manifestada con pliegues marcados y ojos hundidos.

• Respiración lenta y profunda.

• Palidez y frío.

• Pérdida de conciencia.

Un cuadro de este tipo, prolongado en el tiempo y sin el control adecuado, desemboca generalmente en un coma diabético que requiere tratamiento hospitalario urgente.

Si aparecen síntomas de mayor gravedad o se llegan a medir glucemias superiores a 400 mg/dl es imprescindible el traslado a un centro sanitario para proceder a la administración de insulina por un profesional e hidratar al enfermo si procede según su estado. Mientras este traslado se produ-

Ante una hiperglucemia en un diabético se debe administrar su dosis de insulina.

ce, se pueden administrar un par de unidades de insulina rápida, anotando siempre la dosis normal del enfermo y la cantidad extra que se le ha administrado antes de llegar al hospital para poder informar al personal sanitario con la mayor exactitud posible.

En resumen, un paciente diabético basa su tratamiento en cinco máximas:

• Controlar su dieta para que sea equilibrada, sobre todo evitando los alimentos ricos en azúcares simples que se absorben muy deprisa y sustituirlos por otros más complejos. Es decir, cambiar las chucherías por alimentos ricos en hidratos de carbono. Además, es aconsejable repartir los alimentos en al menos cinco comidas al día para que nunca se pueda pasar mucho tiempo en ayunas o con el estómago vacío. Estas normas dietéticas se complementan con la ingesta de fibra y la reducción de grasas.

• Hacer ejercicio físico moderado, pero controlando que se ha comido lo suficiente. El ejercicio, además de ayudar a controlar el peso, reduce los niveles de glucosa.

• Administrarse los fármacos específicos: los antidiabéticos orales y la insulina.

• Autocontrolarse los niveles de glucosa en casa y aprender a interpretar los resultados.

• Seguir las revisiones y consejos del médico.

Con estas pautas como tratamiento preventivo se suele evitar la hiperglucemia y todas las complicaciones que ésta puede acarrear.

# TÉRMINOS

## usuales

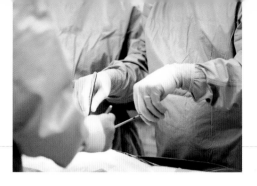

**ALÉRGENO**
Cualquier agente que puede ser identificado como extraño por el sistema defensivo y provocar una reacción alérgica.

**AMÍGDALAS**
Órganos de tejido linfoide que rodean el paso de entrada del aire y de los alimentos en la garganta y que forman parte del sistema inmune o defensivo.

**AMNESIA**
Fallo en el mecanismo de la memoria que puede ser global o parcial y referido únicamente a un episodio concreto o a grandes áreas de la personalidad.

**ANABOLISMO**
Parte del metabolismo que contiene el conjunto de procesos formativos o de síntesis.

**ANAFILAXIA**
Reacción exagerada de tipo alérgico frente a una sustancia que puede poner en peligro la vida del individuo.

**ANALGÉSICO**
Dícese de cualquier fármaco o sustancia empleada para mitigar el dolor físico.

**ANESTESIA**
Privación general o parcial de la sensibilidad por afectación nerviosa de una región o de forma artificial. Se utiliza en las operaciones quirúrgicas.

**ANEURISMA**
Dilatación anormal en forma de saco de una zona de la pared vascular que puede estallar y provocar una hemorragia interna.

**ANOREXIA**
Ausencia de apetito por encima de lo normal. Enfermedad psiquiátrica caracterizada por un deseo obsesivo por adelgazar.

**ANSIOLÍTICO**
Dícese de aquella sustancia que calma o hace desaparecer la ansiedad y que se suele recetar a las personas con trastornos psicológicos o depresión.

**ANTIBIÓTICO**
Dícese del medicamento empleado para destruir las bacterias o impedir su reproducción.

**ANTICUERPO**
Moléculas defensivas creadas por el sistema inmune con el fin de interceptar, bloquear y destruir una estructura extraña detectada.

**ANTITÉRMICO**
Fármaco que desciende la temperatura corporal mientras dura su efecto.

**APNEA**
Parada momentánea de la respiración que puede ser más o menos prolongada.

**APOPLEJÍA**
Pérdida brusca de la función cerebral por una hemorragia en el mismo.

**ARRITMIA**
Irregularidad en el ritmo de contracción de las cavidades cardíacas.

**ARTRITIS**
Inflamación aguda o crónica de las articulaciones.

**ARTROSIS**
Proceso degenerativo de los cartílagos que protegen las articulaciones.

**ASEPSIA**
Conjunto de medidas encaminadas a mantener libre de gérmenes un espacio o un material concreto.

**ASTENIA**
Cansancio o pérdida de fuerza sin motivo aparente.

**ASTIGMATISMO**
Irregularidad congénita de la superficie anterior de la córnea que produce distorsión de la imagen y que puede tener un componente hereditario.

**ASTRINGENTE**
Dícese de aquello que provoca estreñimiento.

**ATROFIA**
Vuelta atrás en el desarrollo de un tejido u órgano por falta de utilización del mismo o malnutrición.

**AURA**
Sensación visual, cutánea o de cualquier otro tipo que precede a una crisis epiléptica o a una migraña.

AUTOPSIA
Estudio detallado del cadáver con el fin de investigar la causa de la muerte. Necropsia.

BIOPSIA
Examen biológico de un trozo de tejido vivo para confirmar un diagnóstico.

BRAQUICARDIA
Ritmo cardíaco inferior a lo normal en cada individuo, y en general por debajo de 50 latidos por minuto.

BULIMIA
Ansia de comer desmesuradamente. Enfermedad psiquiátrica que normalmente acompaña a la anorexia caracterizada por episodios bruscos de «atracones» de comida.

CARCINÓGENO
Dícese del agente químico, físico o biológico que favorece directamente la aparición de algún tipo de cáncer.

CARDIAS
Orificio de separación entre el esófago y el estómago.

CATARATA
Enfermedad degenerativa del cristalino o lente intraocular que pierde su transparencia y desemboca en ceguera.

CATETERISMO
Introducción en un quirófano de una sonda que es guiada hasta el conducto o cavidad que se desea estudiar.

CIÁTICA
Afectación del nervio ciático normalmente a su salida de la columna vertebral por una contractura muscular o una hernia discal.

CIRROSIS
Enfermedad crónica producida como consecuencia de una enfermedad hepática que se caracteriza por la aparición de cicatrices en el interior del hígado, que disminuyen la capacidad funcional del mismo.

COLESTEROL
Alcohol esteroídico que forma parte de la membrana celular y es precursor de ciertas hormonas esteroideas. Participa en la génesis de la ateroesclerosis.

COLONOSCOPIA
Endoscopia del tubo digestivo inferior.

COMA
Disminución grave del estado de conciencia, la sensibilidad y los reflejos.

CONGÉNITO
Que se posee desde el nacimiento.

CONTRACTURA
Contracción espasmódica prolongada de un grupo muscular que provoca dolor y compresión de los nervios y vasos sanguíneos que lo atraviesan.

CREATININA
Sustancia producida por el metabolismo muscular cuya medición en sangre es utilizada para valorar el funcionamiento de los riñones.

CROMOSOMA
Cada uno de los corpúsculos del interior del núcleo celular que contienen el material genético del individuo. El ser humano posee 23 pares.

DALTONISMO
Incapacidad congénita para distinguir entre diferentes colores, generalmente entre el rojo y el verde.

DECÚBITO LATERAL
Posición tumbada con el cuerpo girado completamente hacia un lado.

DECÚBITO PRONO
Posición tumbada con los miembros estirados y mirando hacia abajo.

DECÚBITO SUPINO
Posición tumbada con los miembros estirados y mirando hacia arriba.

DIAFRAGMA
Relajación y expansión del corazón tras su contracción para permitir la entrada de sangre.

DIÁSTOLE
Músculo que separa la cavidad torácica de la abdominal y que contribuye decisivamente al proceso de la respiración.

DISCO
Estructura fibrosa en forma de anillo con un núcleo central pulposo que separa y articula entre sí cada vértebra de la columna.

DISNEA
Dificultad para respirar.

DISPEPSIA
Trastorno de la digestión que provoca que ésta sea más laboriosa y molesta.

ECOGRAFÍA
Método diagnóstico inocuo que emplea ultrasonidos que rebotan en el interior del organismo de diferentes maneras según la composición y estructura de sus órganos y cuya detección permite obtener una imagen.

**EDEMA**
Hinchazón blanda de una parte del cuerpo producida por la acumulación de líquidos en su interior o debajo de ella.

**ELECTROCARDIOGRAMA**
Registro de la actividad eléctrica del corazón.

**ELECTROCHOKE**
O electroshock, consiste en la descarga de una corriente eléctrica en el sistema nervioso con fines terapéuticos psiquiátricos.

**ELECTROENCEFALOGRAMA**
Registro de la actividad eléctrica del cerebro mediante unos electrodos colocados sobre el cuero cabelludo.

**EMBOLIA**
Obstrucción de un vaso sanguíneo por cualquier circunstancia que deja sin riego a una región concreta del organismo.

**EMÉTICO**
Dícese de cualquier sustancia que provoca la náusea y el vómito.

**ENDEMIA**
Enfermedad que afecta mayoritariamente a la población de un área geográfica con carácter permanente.

**ENDOCARDIO**
Capa interna del corazón que tapiza sus cavidades.

**ENDOSCOPIA**
Técnica exploratoria que consiste en la introducción de una cámara y una fuente de luz en el interior del tubo digestivo.

**ENEMA**
Dícese del fármaco utilizado para limpiar y vaciar el contenido del intestino mediante su introducción por vía anal.

**ENFISEMA**
Atrapamiento crónico de aire en una región pulmonar.

**ENZIMA**
Cualquier sustancia utilizada por el metabolismo como catalizador (favorecedor) de sus diferentes reacciones químicas.

**EPIDEMIA**
Enfermedad que afecta a un limitado número de individuos de una población durante un periodo de tiempo relativamente corto.

**EPILEPTÓGENO**
Punto cerebral concreto que origina las descargas eléctricas de la epilepsia.

**EPÍSTAXIS**
Hemorragia nasal.

**ESCALOFRÍO**
Agitación espasmódica e incontrolable de todo el cuerpo que tiene por finalidad mantener la temperatura corporal en condiciones de frío ambiental.

**ESCÁNER**
Técnica de registro de imágenes corporales en forma de cortes o planos mediante un sistema informático. También llamado TAC o tomografía axial computerizada.

**ESCARA**
Lesión de una parte de la piel que se desvitaliza por falta de riego sanguíneo o por una agresión de la misma como una quemadura.

**ESCLEROSIS**
En general, cualquier endurecimiento y pérdida de elasticidad de un órgano.

**ESCOLIOSIS**
Desviación lateral de la columna vertebral.

**ESFINGOMANÓMETRO**
Aparato utilizado para la medición de la tensión arterial.

**ESFÍNTER**
Cualquier músculo de forma anular del organismo que se abre o se cierra de forma voluntaria o involuntaria para permitir salir o retener una sustancia.

**ESGUINCE**
Lesión de los tejidos y ligamentos que rodean a una articulación producida por una extensión excesiva de la misma.

**ESPONDILITIS**
Enfermedad inflamatoria de las articulaciones y los ligamentos situados entre las vértebras.

**ESTRÉS**
Conjunto de reacciones psicológicas y físicas que se producen cuando el organismo se enfrenta a una situación agresiva para su integridad o cuando trata de adaptarse a un medio hostil.

**ETIOLOGÍA**
Causa de una enfermedad.

EXPECTORANTE
Dícese del fármaco que tiene la propiedad de colaborar con la expulsión de las flemas de la vía respiratoria.

FALANGE
Cada hueso que forma los dedos de las manos y los pies; comienza a contarse desde el nacimiento del dedo.

FIEBRE
Aumento controlado de la temperatura corporal como mecanismo defensivo frente a la infección por gérmenes.

FISIOLÓGICO
Cualquier proceso normal del funcionamiento del cuerpo humano.

FISIOTERAPIA
Técnica complementaria en el tratamiento de enfermedades que provocan alteraciones de la movilidad, que utiliza la manipulación, el masaje, el calor y otros métodos para aliviar el dolor y restaurar la funcionalidad.

FLEBITIS
Inflamación de una vena como consecuencia de una infección o un traumatismo.

FLEMA
Conjunto de mucosidad bronquial que se adhiere a las paredes de las vías respiratorias y que tiene una función defensiva.

GANGRENA
Afectación maligna de una región corporal por un defecto sostenido de la circulación sanguínea en la misma.

GÁSTRICO
Relacionado con el estómago.

GINGIVITIS
Inflamación de las encías por diferentes causas que produce dolor y sangrado de las mismas.

GLAUCOMA
Aumento crónico de la presión del líquido interno ocular.

HABÓN
Lesión sobreelevada en forma de placa rodeada de una zona más enrojecida que produce picor y que aparece típicamente en las reacciones alérgicas. También llamada roncha.

HALITOSIS
Mal olor del aliento de forma casi permanente, secundario a mala higiene bucal o a trastornos digestivos.

HEMATOCRITO
Proporción entre la parte sólida o celular de la sangre y la parte líquida.

HEMATOMA
Tumoración producida por el acúmulo de sangre extravasada sobre un órgano o sobre la piel.

HEMOGRAMA
Estudio analítico de las diferentes células presentes en la sangre.

HEMORROIDES
Varices formadas en las venas hemorroidales que rodean el ano.

HIPERTERMIA
Aumento descontrolado de la temperatura corporal, normalmente grave, que aparece en respuesta a la exposición a una fuente de calor externa durante cierto tiempo.

HIPNÓTICOS
Dícese de las sustancias empleadas como inductores del sueño.

HIPOTÁLAMO
Área cerebral que controla y estimula la hipófisis a través de un tallo nervioso que los une.

HIPOTERMIA
Descenso de la temperatura por debajo de los límites normales por circunstancias ambientales adversas.

HIPOXIA
Déficit parcial de oxígeno en la sangre y en los órganos corporales.

HORMONA
Mensajero químico producido por diversas glándulas corporales que actúan a distancia en otros órganos llamados órganos diana.

ICTUS
Trastorno cerebral brusco producido por la falta de riego sanguíneo que puede ser leve, grave con secuelas o incluso mortal. También denominado accidente isquémico transitorio o AIT.

INCUBACIÓN
Periodo de tiempo que necesita un microorganismo para asentar y multiplicarse en el cuerpo antes de comenzar a producir los signos y síntomas de la infección.

INFILTRACIÓN
Introducción mediante una aguja de corticoides y/o anestésicos en una articulación para tratar la inflamación y el dolor.

ISOTÓNICO
Dícese de cualquier líquido o solución que posee el mismo pH de la sangre.

ISQUEMIA

Déficit de riego sanguíneo de un área corporal determinada por cualquier alteración de los vasos que la irrigan y que puede ser reversible o provocar la muerte celular.

LAPAROSCOPIA

Técnica quirúrgica que no requiere de la apertura total de la cavidad abdominal, sino que sólo son necesarios pequeños cortes para introducir la cámara y el instrumental con el que completar la operación.

LÍQUIDO SINOVIAL

Sustancia viscosa que forma una membrana que lubrica y protege las articulaciones.

LUXACIÓN

Desplazamiento de las superficies articulares por un traumatismo o por la debilidad de los ligamentos que protegen la articulación.

MÁCULA

Alteración de la coloración de la piel, de pequeño tamaño, debida a diferentes causas como alteraciones de la melanina, defectos de la circulación o intoxicaciones.

MELANINA

Pigmento en forma de gránulos que colorea la piel y sus anejos.

METABOLISMO

Conjunto de reacciones tanto de síntesis como de degradación que se producen en el organismo humano. Incluye el anabolismo y el catabolismo.

METADONA

Derivado de la morfina comúnmente utilizado como tratamiento de la deshabituación a determinadas drogas.

MIOCARDIO

Capa muscular del corazón.

NECROSIS

Muerte de las células que forman un tejido.

NEFRÍTICO

Relacionado con el riñón.

NEUMOTÓRAX

Acumulación aguda de aire entre el pulmón y la pleura que dificulta la respiración.

OBNUBILACIÓN

Trastorno del estado de conciencia.

ORZUELO

Inflamación de las glándulas sebáceas del párpado por infección u obstrucción de los conductos.

OTITIS

Inflamación de alguna de las porciones del oído normalmente debida a un proceso infeccioso.

PALPITACIÓN

Percepción del latido cardíaco, normalmente acelerado, por parte del individuo.

PANDEMIA

Epidemia masiva que se extiende a muchas y extensas áreas geográficas.

PAPILA

Zona en la retina por donde el nervio óptico llega hasta la misma.

PARENTERAL

A través del sistema circulatorio. Suelen nombrarse así las vías e inyecciones.

PATOLÓGICO

Cualquier proceso orgánico no fisiológico o fuera de la normalidad.

PEPSINA

Enzima producida en el estómago que destruye y digiere las proteínas.

PERICARDIO

Membrana doble que recubre el corazón.

PERINÉ

Región del cuerpo comprendida entre el ano y los órganos sexuales.

PERITONITIS

Inflamación grave, generalmente de origen infeccioso, del peritoneo o membrana que reviste la cavidad abdominal y rodea a los órganos que se encuentran en su interior. Complicación de la apendicitis.

pH

Relación que existe entre la acidez o la alcalinidad de una solución.

PÍLORO

Orificio de separación entre el estómago y el duodeno.

PIROSIS

Sensación de ardor o quemazón detrás o debajo del esternón debida normalmente al reflujo del contenido gástrico.

PLACEBO

Dícese de cualquier actuación terapéutica que puede producir la mejoría de una enfermedad sin que exista justificación científica para ello.

PLAQUETA
Célula sanguínea que interviene en la coagulación al adherirse a los extremos de la herida vascular para tratar de taponar la hemorragia. También llamada trombocito.

PLASMA
Parte líquida de la sangre que arrastra a las células que se vierten a ella.

PLEURA
Membrana doble de tipo fibroso que recubre los pulmones (pleura visceral) y tapiza interiormente a la cavidad torácica (pleura parietal).

POLIDIPSIA
Se llama así a la necesidad constante de beber que aparece con frecuencia en el inicio de la diabetes.

POSOLOGÍA
Dosis a las que deben administrarse los medicamentos según las características del paciente y de la enfermedad producida. Suele venir indicada en el prospecto del envase o la especifica el médico en la receta, y es importante respetarla.

PRÓDROMOS
Síntomas iniciales o que preceden al comienzo de una enfermedad.

PROFILAXIS
Prevención del desarrollo de una enfermedad.

PRÓTESIS
Dícese de cualquier tipo de artilugio utilizado sobre el cuerpo humano para sustituir una estructura del mismo.

PRURITO
Picor de la piel y de las mucosas.

PUNCIÓN LUMBAR
Extracción mediante una aguja fina de líquido cefalorraquídeo a través del canal medular entre dos vértebras lumbares.

PUS
Humor o sustancia blanquecina secretada por los tejidos infectados que contiene células defensivas junto con los restos del agente infeccioso neutralizado.

QUELOIDE
Exceso de tejido fibroso durante el proceso de cicatrización que deja como secuela una cicatriz grande y sobreelevada. Puede existir una predisposición individual.

QUIMIOTERAPIA
Empleo con fines terapéuticos de un tipo especial de fármacos que destruyen de forma directa las células cancerosas y, en mayor o menor medida, las sanas.

QUISTE
Tumor benigno de contenido líquido.

RADIOTERAPIA
Técnica que utiliza diferentes formas de radiación electromagnética para el control del crecimiento y la extensión de las células cancerosas.

RESONANCIA
Técnica computerizada de registro de imágenes en diferentes planos.

RETINA
Membrana fotosensible que recubre el interior de la parte posterior del ojo y que transforma el estímulo luminoso en corriente eléctrica hasta el nervio óptico.

REUMA
Nombre vulgar con el que se define el dolor articular o muscular que se produce como consecuencia de una enfermedad reumática.

RINITIS
Inflamación de la mucosa que tapiza el interior de las fosas nasales.

RINOPLASTIA
Corrección quirúrgica de la estructura ósea de la nariz.

RINORREA
Secreción nasal excesiva que desemboca en la acumulación de mucosidad en las fosas nasales y su goteo molesto hacia el exterior.

SEDACIÓN
Adormecimiento inducido por sustancias administradas con ese fin o como efecto secundario.

SEPSIS
Complicación grave de un proceso infeccioso caracterizado por el paso a la sangre de los agentes infecciosos o gérmenes.

SHOCK
También denominado choque en castellano. Ordinariamente se utiliza para referirse a un evento súbito que produce una pérdida de conciencia aunque también se refiere a la complicación del transcurso de una enfermedad que compromete la vida del enfermo.

SÍNCOPE
Pérdida brusca de la conciencia por diferentes causas.

SÍNDROME
Conjunto de signos y síntomas que forma parte de una enfermedad. A su vez, una enfermedad puede estar formada por uno o varios síndromes.

SÍNTOMA
Fenómeno subjetivo referido por el individuo que delata la presencia de una enfermedad, como por ejemplo el dolor o el mareo.

SISTEMA INMUNE
Conjunto de órganos y células del cuerpo humano que tienen la función de defender a éste de las agresiones externas por agentes que son reconocidos como extraños y por tanto combatidos.

SÍSTOLE
Contracción acompasada de las cavidades cardíacas que desplazan la sangre a través de ellas y hacia el exterior.

SUERO
Parte de la sangre que permanece líquida cuando se ha coagulado ésta al ser extraída del sistema circulatorio.

TAQUICARDIA
Ritmo cardíaco superior a 100 latidos por minuto.

TENDÓN
Banda de tejido fibroso que sirve de inserción para los músculos en los huesos y que posee una envoltura protectora llamada vaina tendinosa.

TERAPIA
Conjunto de medidas tomadas para el tratamiento de una enfermedad.

TETRAPLEJIA
Parálisis total del cuerpo humano por debajo del cuello.

TIMO
Glándula endocrina situada en la región cervical que forma parte del sistema inmune.

TÍMPANO
Membrana tensa que separa el oído externo del medio y que vibra de forma acorde con los sonidos.

TÓPICO
Dícese de cualquier medicamento que se administra directamente sobre el lugar afectado, como por ejemplo la piel, los ojos o el conducto auditivo.

TOXICOMANÍA
Hábito enfermizo de introducirse sustancias tóxicas de manera prolongada con el fin de obtener placer o evadirse de las circunstancias.

TOXINA
Sustancia venenosa producida por los seres vivos como sistema defensivo que actúa negativamente en el organismo.

TRANSAMINASAS
Enzimas producidas por el hígado cuya elevación se traduce en afectación del mismo.

TRAQUEOTOMÍA
Incisión en la tráquea para permitir la ventilación del individuo que puede ser reversible o permanente.

TROMBO
Coágulo o formación del interior vascular que puede desprenderse y obturar un vaso.

TROMBOFLEBITIS
Inflamación de una vena como consecuencia de un trombo que obstruye la circulación normal de la misma.

TROMBOSIS
Oclusión de un vaso sanguíneo por el enclavamiento de un trombo que provoca un daño mayor o menor dependiendo del tiempo de oclusión y de la naturaleza del órgano afectado.

ULTRAVIOLETA
Segmento del espectro electromagnético que acompaña a la luz visible producida por el sol y que actúa sobre la piel bronceándola y transformando la vitamina D en su forma activa. Su exceso es potencialmente cancerígeno.

UMBRAL
Valor mínimo que debe tener un estímulo para que se produzca un determinado efecto secundario a aquél.

URTICARIA
Aparición de lesiones pruriginosas en la piel de cualquier parte del cuerpo con aspecto de sarpullido y que generalmente es de naturaleza alérgica.

VITAMINA
Sustancia obtenida de los alimentos que no puede ser sintetizada por el organismo y que resulta vital para el funcionamiento correcto del metabolismo.

VITÍLIGO
Pérdida de melanina en forma de placas que se extienden por ciertas áreas de la piel, a veces como consecuencia de una exposición excesiva al sol, que no supone una amenaza para la salud aunque sí un deterioro estético.

ZOONOSIS
Cualquier enfermedad o infección que puede ser transmitida al hombre por los animales.

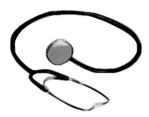